KB113190

10대를 위한
성공 수업

이 책을 소중한

_____님에게 선물합니다.

_____ 드림

책상맡에 두고
마음이 흐트러질 때마다
읽으면 좋은 책

10대를 위한
성공 수업

권동희 지음

위닝북스

꾸준한 도전으로
성공의 나이테를 키워라

모든 사람들은 성공하는 인생을 살아가고 싶어 한다. 그런데 성공하는 사람들은 극소수에 불과하다. 그 이유는 성공을 하는 데 있어 필요한 요소들이 결여되었기 때문이다. 성공한 사람들에게는 세 가지 공통점이 있다. 분명한 목표, 뜨거운 열정, 강한 인내심을 가지고 있다는 것이다. 그들은 어떤 시련이 닥쳐도 흔들리지 않고 자신이 목표로 하는 곳을 향해 우직하게 나아간다. 결국 원하는 인생을 창조해 낸다.

명확한 목표, 즉 꿈을 가지는 것은 성공하는 인생으로 가는 첫 단계다. 꿈은 내가 진정으로 하고 싶고, 이루고 싶은 것을 말한다. 꿈이 있는 사람은 자신이 살아가야 하는 이유를 알고 있는 사람이다. 그래서 자신이 그리는 인생을 명작으로 만들기 위해 목숨 걸고 노력한다. 하루하루를 대충 살지 않고 알차게 살아가게 되는 것이다.

나는 청소년을 대상으로 강연할 때 이렇게 말한다.

"가장 중요한 것 가운데 하나가 '공부'다. 따라서 지금 자신이 해야 할 본업이 무엇인지 깨닫고 왜 공부를 해야 하는지, 어떻게 하는 것이 가장 효율적인 공부인지 스스로 고민해야 한다. 그래야 원하는 결과를 만들어 낼 수 있고, 미래의 청사진을 그려나가는 데 도움이 된다."

공부란, 철저하게 자신을 위한 것이어야 한다. 그럼에도 남에게 보여 주기 위한 공부를 하는 학생이 많다. 그런 학생일수록 장애물이나 어려움을 만나면 더 빨리 포기하고 더 자주 주저앉고 만다. 좋은 점수를 받아 성적을 올리고 좋은 대학을 가고자 하는 것이 누구에게 보여 주기 위한 것이 아닌, 본인 자신을 위한 것일 때 진정한 실력이 붙고 공부하는 즐거움도 함께 깨달을 수 있는 것이다.

우등생들은 지금 자신이 왜 힘들게 공부를 열심히 해야 하는지를 알고 있다. 지금 하는 공부가 비록 힘들어도 머지않은 미래에 자신의 꿈을 실현하는 데 큰 도움이 될 것을 알기 때문에 자연스레 성적이 오를 수밖에 없다. 반면에 성적이 낮은 친구들은 왜 공부가 중요한지 알지 못한다. 공부에 있어 목적성이 결여되어 있기 때문이다. 내면에서는 수시로 '공부하기 싫다!', '공부는 누가 만들었을까?' 이런 부정적인 소리만 들려온다. 그래서 공부가 즐겁지 않다.

나는 이 책에서 여러분에게 왜 꿈을 가져야 하는지, 어떤 꿈을 가져야 하는지, 어떤 자세로 인생을 살아야 하는지를 이야기해 줄 것이다. 왜냐하면 여러분은 자신이 생각하는 것보다 더 대단하고 위대한 존재이기 때문이다. 여러분의 가능성에 한계란 없다. 꿈꾸는 대로 실현하는 인생을 살게 될 것이다.

살아가다 보면 종종 실패를 겪게 된다. 이 글을 쓰는 나 역시 지금도 실패를 경험하고 있다. 실패는 누구나 겪는 일이기에 인생에서 치명적인 일이 아니다. 중요한 것은 몇 번을 실패했느냐가 아니라 실패할 때마다 얼마나 빨리 일어나느냐. 인생에서 험난한 상황이 닥쳤을 때, 그 위기를 가장 현명하고 빠르게 극복하는 방법은 그저 툭툭 털고 일어서는 것이다. 다시 행동할 때 실패에 대한 불안이나 두려움은 사라지고 이번에는 꼭 성공하리라는 기대감이 생겨난다.

여러분이 앞으로 살아가면서 절대 잊지 말아야 할 것이 있다. 최종적으로 경쟁할 상대는 친구들이 아니라 바로 나 자신이라는 것이다. 절대 남을 의식해선 안 된다. 남을 의식하지 말고 진정으로 원하는 꿈, 목표를 향해 거침없이 나아가야 한다. 그러할 때 여러분은 나답게 개성 있는 진짜 인생을 살게 될 것이다.

성공학 강사
권동희

CONTENTS

CHAPTER
1

실패할 수밖에 없는 메뚜기 인생

CHAPTER
2

성공할 수밖에 없는 오뚝이 인생

CONTENTS

CHAPTER
3

10대에게 들려주는 10가지 성공 습관

CHAPTER
4

오뚝이처럼 독하게 시작하라

CHAPTER

1

실패할 수밖에
없는 메뚜기 인생

'오늘이 아니면 안 된다'는
각오로 살아야 한다

영원히 살 것처럼 꿈꾸고 오늘 죽을 것처럼 살아라.

– 제임스 딘

많은 사람들이 투자를 하기도 전에 이익을 얻고 싶어 한다. 아니면 아주 조금 투자하고 엄청나게 많은 이익을 얻고 싶어 한다. 하지만 세상의 이치는 자연의 이치와 같다. 작물을 수확 하기 위해서는 먼저 씨를 뿌리고 그것을 가꾸어야 한다. 씨를 뿌린 뒤 추수하기까지는 시간이 필요하다. 오늘 씨앗을 뿌리고 내일 수확하기를 바라는 사람은 없을 것이다. 씨를 뿌리고 수 확을 하기까지 시간과 에너지와 인내는 필수다.

운동선수도 마찬가지다. 많은 시간 동안 기량을 갈고닦아야 챔피언 자리에 오를 수 있다. 과정을 건너뛰고 정상에 오를 수는 없다. 아무리 많은 재능, 뛰어난 재능을 가졌다 해도 저절로 성장하지는 않는다. 어느 분야에서건 성공하는 사람이 되기 위해서는 그 분야를 배우는 데 전념해야 한다. 성공의 기회는 준비된 사람에게 열린다. 아무것도 하지 않는데 저절로 이루어지는 것은 없다. 설령 쉽게 이루어진다 해도 그것은 큰 만족을 가져다주지 못한다.

더 많은 것을 원한다면, 현재의 자신보다 더 나은 사람이 되어야 하고, 스스로를 발전시키기 위해서는 그만큼의 시간과 노력을 투자해야 한다. 좋은 성적을 받았으면 좋겠다고 생각하면서 행동으로 옮기지 않으면 절대 그런 일은 일어나지 않는다. 정말 좋은 점수를 받고 싶다면 꾸준히 노력해서 실력을 갖추어야 한다. 마찬가지로 어떠한 일이든 하고 싶은 일이 있다면 그 일을 이루기 위해 어떤 능력을 갖추어야 할지 생각해야 한다. 그렇지 않으면 그저 희망사항으로 끝나고 말 것이다.

목숨 걸고 노력하면 안 되는 것이 없다. 성공하고 싶다면 잔머리를 굴리기보다 행동으로 옮겨야 한다. 그리고 쉬운 길을 찾으려고도 하지 말아야 한다. 잔머리를 굴리고 요령을 피우는 사람치고 마지막까지 성공을 유지하는 사람은 없다.

노력이 먼저다. 결실은 언제나 나중에 온다. 성공한 사람은 많은 씨앗을 심은 사람이고, 또 결실을 거두기 위해 물을 주고 열매를 얻을 때까지 인내하는 사람이다. 어제 씨앗을 심었을 뿐인데 오늘 당장 그 씨앗이 어떻게 될지 알고 싶어 성급해 해선 안 된다. 아직 씨앗에는 아무런 변화도 없다. 기대하는 바대로 열매가 영글려면 한참을 기다려야 한다. 욕심만 앞서서는 아무것도 수확할 수 없다. 우리는 가끔 이런 법칙을 잊고 살아간다.

학교생활이 영 즐겁지 않다는 영준이가 말한다.

"학교생활이 즐겁기만 하다면 공부를 열심히 할 텐데…"

남자 친구와 사이가 좋지 않은 누나가 말한다.

"사이만 좋다면 내가 정말 잘해 줄 텐데…"

저축이라고는 해 본 적이 없는 형이 말한다.

"내게 100만 원만 있다면 사고 싶은 것 다 살 수 있을 텐데…"

근무시간에 딴짓을 많이 해 상사에게 잔뜩 혼이 난 삼촌이 말한다.

"월급만 올려 줘 봐, 내가 근무시간에 다른 짓을 하나."

영준이와 누나, 형, 삼촌은 모두 잘못 생각하고 있다. 왜냐하면 생각의 순서가 틀렸기 때문이다. 공부를 열심히 하면 학교생활이 즐거워질 것이고, 남자 친구에게 잘해 주면 사이는 좋아질 것이다. 또 근무시간에 열심히 일해 성과를 내면 당연히 월급도 올라갈 것이다. 만 원, 10만 원을 모은 다음에야 100만 원을 모을 수 있다는 사실을 깨달아야 한다. 노력이 먼저고 결실은 나중이다. 이것을 헤아리지 못하고 네 사람은 모두 결실을 먼저 맛보려고 하고 있다. 모든 것에는 순서가 있고 단계가 있다. 학교생활도 마찬가지다. 1학년을 마쳐야 2학년이 될 수 있는 것과 같이 한 학년을 무사히 마쳤을 때 다음 학년으로 올라가고 졸업도 하게 된다. 높이뛰기도 처음부터 2미터를 넘으려 하는 것은 욕심이다. 처음엔 50센티미터, 그다음엔 1미터, 더 높여서 1미터 50센티미터를 넘으면 그다음 2미터를 뛰는 것은 어렵지 않다. 처음부터 욕심껏 2미터를 넘으려 하면 실패할 것이 뻔하고, 그 실패는 자신감 상실로 이어져 도전을 두려워하게 되는 결과만 초래한다.

우리의 인생도 이와 다르지 않다. 차곡차곡 과정을 밟아야 한다. 지금 이 순간에 집중하고 총력을 기울이면 당연히 기대하는 날을 맞이할 수 있을 것이다. 우리가 어떤 사람이 되는가는 '지금'을 어떻게 보내느냐에 달려 있다. 성공과 실패 역시

'지금'을 어떻게 보내느냐에 따라 결정된다. 오늘 해야 할 일, 배워야 할 것을 놓치지 않고 해 두는 것이 나중에 후회하지 않는 비결이다.

항상 중요한 시기는 '지금'이다. 한 시간만 더 자고 한 시간만 더 놀고 나서 공부하자는 생각은 버려야 한다. 하고 싶은 것 다 하고 공부하자는 달콤한 유혹에서 벗어나 '오늘이 아니면 안 된다'는 각오로 살아야 한다. 급하게 어떤 성과를 낼 수 없다는 것을 명심하고 주어진 오늘을 알차게 보내도록 하자.

02

쥐처럼 사느냐,
코끼리처럼 사느냐

사람은 실패가 아니라 성공하기 위해 태어난다.
– 헨리 데이비드 소로

"미주, 너의 꿈은 뭐니?"

"첼리스트가 되는 게 꿈이었는데 해 보니까 너무 어려워요. 차라리 그림을 배울 걸 그랬나 봐요."

얼마 전까지 미주는 클라리넷을 배웠다. 하지만 '왜 이렇게 어려운 거야. 차라리 바이올린이나 배울걸' 하고 후회했었다. 미주는 바이올린을 배웠다 하더라도 얼마 지나지 않아 분명 이전과 똑같이 어렵다고 포기했을 것이다. 그런데도 첼로를 멋지게 연주하는 연주자의 모습을 보고 자신도 첼로를 배우고 싶다며 부모님을 졸랐다.

미주는 어렵고 복잡한 것은 싫어한다. 그래서 '이제 이건 그만하고 다른 것을 찾아봐야겠어' 하며 이것저것 기웃거린다. 그렇게 그만둔 것이 몇 가지인지 모른다. 보통의 일은 연습하면 전문가 수준은 아니더라도 대부분 어느 정도의 실력을 갖출 수 있다. 뭔가를 꽤 잘하기 이전에는 그 일이 얼마나 재미있는지 알 수 없다. 첼로로 여러 곡을 연주해 봐야 음악을 연주하는 기쁨을 느낄 수 있다. 그런데 매번 고비를 넘기지 못하고 포기하고 만다. 한 번 시작한 일은 어떻게든 끝내고야 마는 습관을 몸에 익혀야 성공 습관을 기를 수 있는데, 아직 그 경지에 도달해 본 적이 없는 것이다.

친구인 문수에게도 꿈이 무엇인지 물었다.

"전 연예인이요."

"왜 연예인이 되려고 하지?"

"폼 나잖아요. 다른 사람이 보기에."

문수의 꿈은 다른 사람들에게 '잘 보이기 위한 꿈'이다.

"지연아, 넌 꿈이 뭐야?"

"의사가 되래요."

지연이의 꿈은 의사다. 그러나 그것은 부모님이 강요한 꿈이다. 지연이가 되고 싶은 진짜 꿈은 선생님이다. 하지만 부모님이

의사가 되기를 간절히 원해서 자신의 진짜 꿈을 이야기할 수가 없다. 자발적인 의지가 아닌, 다른 사람의 강요에 자신의 꿈을 맞추고 있는 모습이다.

그동안 지연이는 자신이 의사가 되는 모습을 한 번도 꿈꿔 본 적이 없다. 타인의 잣대에 자신의 꿈을 억지로 짜 맞추려 하고 있을 뿐이다. 강요에 따라 행동하려다 보면 겉으로 드러난 행동과 실제의 모습 사이에 괴리감을 느끼기 때문에 스스로 온 힘을 다해 노력하지 않게 된다.

내 인생은 나의 것이다. 부모님이 시키니까 어쩔 수 없다고 체념하거나 환경을 핑계 대선 안 된다. 자신의 인생을 풍요롭게 할 사람은 그 누구도 아닌 바로 '나'다. 본인 스스로 행복을 쌓아야 한다는 것이다.

행복을 찾는 방법은 간단하다. 먼저 자신이 하는 일, 몰두하는 분야를 행복이라는 관점에서도 평가해 본다. 만약 조금이라도 불행하다는 생각이 들면 '내가 이것을 왜 하는가?'라는 질문을 던지고 그에 답함으로써 변화를 시도해 보는 것이다. 무엇인지 정확히는 몰라도 지금의 상황과 달라지면 왠지 행복할 것이라는 막연한 생각이 든다면 상황이 좋아질 수 있는 방법을 고민해야 한다.

우리는 쥐처럼 살 것인지, 코끼리처럼 살 것인지 생각해 볼 필요가 있다. 포유동물 가운데 가장 빨리 죽는 동물은 쥐라고 한다. 오래 살아야 겨우 2~3년이라고 한다. 반면에 코끼리는 평균 70년을 산다. 쥐와 코끼리의 수명이 몸집과 관계있다는 학설도 있지만, 호흡하는 횟수와 관련이 있다고 보는 경우가 많다. 왜냐하면 겨우 2~3년을 사는 쥐가 평생 호흡하는 횟수와 70년 이상을 사는 코끼리가 평생 호흡하는 횟수가 비슷하기 때문이다. 둘 다 평생 호흡하는 횟수가 약 5억 번에 이른다고 한다.

쥐 가운데서도 가장 몸집이 작은 뾰족귀쥐는 1분에 1,000회의 호흡을 하고, 코끼리는 1분에 30회밖에 숨을 쉬지 않는다고 한다. 쥐는 매 순간 숨을 쉬지만 코끼리는 느긋하게 숨을 쉰다. 이를 통해 작은 동물들은 큰 동물보다 더 빠른 템포로 일생을 산다는 것을 알 수 있다.

쥐처럼 살 것인가, 아니면 코끼리처럼 살 것인가? 얼마나 여유롭고 느긋하게 사느냐에 따라 우리의 수명뿐만 아니라 행복과 성공도 달라진다. 당장 눈앞의 이익에 연연해 메뚜기처럼 정신없이 옮겨 다니는 사람에게는 결국 아무것도 남지 않는다. 코끼리처럼 느긋하게 살아갈 때 인생을 넓게 볼 수 있고 멀리 갈 수 있다.

쥐처럼 쫓기며 사는 사람은 단기간의 성적이나 이익에 급급해 항상 가장 쉬운 길을 선택한다. 쉬운 길만 걷다가 결국 스스로 덫에 걸리거나 궁극적으로 자신이 원하는 것을 이루지 못하고 만다. 앞으로 여러분은 쫓겨 다니는 삶이 아니라 삶의 주인공이 되어야 한다. 그러기 위해서는 쉬운 길보다 가치 있는 길을 선택해야 한다. 당장 이익이 되고 쉽고 편하다고 해서 이리저리 옮겨 다니는 것은 순간의 어려움을 피하는 행동에 불과하다. 성공으로 가는 길에는 반드시 고통이 따른다. 고통을 받아들이고 극복하는 것이 성공으로 가는 지름길임을 잊어선 안 된다.

여러분은 10년 뒤 어떤 직업을 가져야 할지 고민하기보다 현재의 위치에서 달성할 수 있는 작은 비전들에 충실해야 한다. 3~5년 후가 아닌 30년 후의 먼 미래에 초점을 맞추면 꿈이 너무 멀게 느껴져 오히려 의욕을 상실할 수 있다. 너무 먼 미래, 또는 막연한 비전은 목표를 점점 흐리게 하고 아예 그 꿈을 잊어버리게 할 수 있다.

예를 들어, 30년 후 회사의 CEO가 되겠다는 원대한 꿈을 갖고 있다면 그 꿈 자체는 좋다. 중요한 것은 여기에 꿈을 이루기 위한 단계별 접근법이 곁들어져야 한다는 것이다. 목표는 단계별로 세분화해서 하나씩 이뤄 나가야 성취감을 느낄 수 있다. 그리고 이 성취감은 다음 단계의 성공을 향해 나아가도록 도약의 발판이 되어 준다. 꿈을 이룰 수 있는 가장 현실적인 방법은 단기의 작은 목표를 하나씩 이뤄 가면서 조금씩 비전을 진화시켜 나가는 것이다. 비전의 진화는 새로운 환경에 적응하면서 이루어지기 때문에 단기간에 완수하는 것이 무척 중요하다.

단기 비전들을 완수하는 과정에서 일어나는 많은 일들은 틀림없이 더 큰 비전을 위한 자산이 된다. 그리고 자신이 바라는 만큼 비전이 명확하지 않더라도 지금 갖고 있는 자원과 에너지를 총동원한다면 최소한 원하지 않는 것이 무엇인지는 구별할 수 있게 된다.

최선을 다하지 않고 그저 한번 해 볼까 하는 자세는 엄청난 손실을 불러온다. 그러니 먼 미래를 준비하고 싶다면 가까운 미래부터 준비하고, 큰 비전을 세우고 싶다면 작은 비전부터 달성하도록 해야 한다.

청소년들의 성장기를 흔히 질풍노도의 시기라고 한다. 질풍노도는 '몹시 빠르게 부는 바람과 무섭게 소용돌이치는 물결'을 뜻하는 말이다. 이 시기에 한 치 앞을 내다보지 못하고 오로지 눈앞의 이익만을 좇다가는 결국 가장 소중한 것, 가장 가치 있는 것을 놓치게 된다.

열심히 공부하는 것! 그 작은 단기 비전도 작은 성공의 하나로서 큰 성공과 이어지는 다리가 된다. 무엇을 하더라도 적절한 목표를 세워야 하고, 그 목표를 성취한 다음에 그만둘지 결정해도 늦지 않는다. 그러나 목표를 성취하기도 전에 그만둔다면, 그 순간 여러분은 패배자로 전락하고 말 것이다.

걱정만 하는 메뚜기 같은 사람은 기회를 놓친다

위대한 사람은 기회가 없다고 원망하지 않는다.
– 랄프 왈도 에머슨

"난 걱정거리가 많아요. 중간고사 시험 결과도 어떻게 나올지 걱정스럽고, 친구와 싸웠는데 화해가 될까 걱정스럽고, 아무튼 걱정거리가 정말 많아 죽을 것만 같아요. 내가 걱정거리를 안고 사는 건 알지만 자꾸 그런 생각이 드는 걸 어떻게 할 수가 없어요."

스스로도 어쩔 수 없다는 걱정거리. 왜 우리는 항상 걱정거리를 안고 사는 것일까? 이런 두려움은 당장 눈앞에 나타나는 실제 상황 때문에 생겨나는 것이 아니다. 그저 막연히 일어날지도 모른다는 가능성을 걱정하며 미리 두려움을 갖는 것이다. 하지만 걱정만 한다고 해서 달라지는 것은 아무것도 없다. 일어날지도 모르는 최악의 상황을 걱정하면서 '죽을 것만 같다'고 하소연하는 것은 아무짝에도 소용없다.

학창 시절 걱정거리를 달고 사는 학생들에게 선생님이 알려주셨던 좋은 방법이 있다. 선생님은 먼저 걱정거리를 적을 종이 한 장씩을 나눠 주셨다. 우리는 각자 걱정거리 목록을 작성했다.

'시험 결과가 잘못 나오면 어쩌지?'
'말다툼한 친구가 영 마음을 열지 않으면 어떡하나?'
'키가 작다고 배구부에 넣어 주지 않으면 어쩌나?'
'여드름 때문에 여자 친구가 안 생기면 어쩌지?'

선생님의 말씀에 따라 학생들은 고민거리를 하나도 빼놓지 않고 적었다. 선생님은 우리가 적은 '걱정거리 목록'을 모두 거두신 다음 서랍 속에 넣어 두셨다. 아니 처박아 놓으셨다.

"다음 주 월요일 오후 2시. 그때 다시 걱정거리 목록을 보도록 하자. 모든 걱정거리는 선생님이 보관하고 있을 테니 그때

까진 잊고 신나게 놀아라."

신기하게도 주말 내내 모두가 즐겁고 행복한 시간을 보냈다. 다시 목록을 받았을 때 놀라웠던 것은 몇 개의 걱정거리는 이미 해결되고 난 뒤였다. 이처럼 걱정거리의 대부분은 일어나지도 않을 것들이다. 그리고 잊어버린 채 지내다 보면 해결되는 경우도 많다. 그래도 떠나지 않는 걱정거리를 사라지게 하고 싶다면 최선책은 직접 나서서 몰아내는 것이다. 직접 행동으로 옮겨 고민거리를 해결하는 것만이 최선의 해결책이다.

우리는 살면서 단순한 걱정거리가 아닌 위험, 위기의 순간을 맞기도 한다. 중대한 결정을 해야 하는 시기와 어려움을 헤쳐 나가야 하는 순간들이 인생의 골목 요소요소에 도사리고 있다. 그러나 위험, 위기의 순간을 부정적으로 보는 것은 옳지 못하다. 그 속에는 우리의 성장을 돕는 기회가 함께 있기 때문이다. 그래서 '위기는 기회의 또 다른 이름'이라고 말하는 것이다. 위기가 닥쳤을 때 걱정만 하느라 밤을 새우는 메뚜기 같은 사람은 그 속에서 기회를 발견하지 못하고 만다.

대부분의 사람들은 '위기'라는 단어를 떠올릴 때 긍정보다 부정적인 사고에 휩싸인다. 그것은 우리가 어려서부터 그런 단어들을 좋아하지 않도록 프로그래밍 되어 있기 때문이다. 하지만 성공한 사람들은 위기를 극복해야만 더 큰 보상이 있다는 것을 알고 있다. 그래서 그들은 위기를 극복하는 과정을 통해 자신의 능력이 향상되고 크게 성장했다고 말한다. 즉, 보통사람과 달리 성공하는 사람들은 위기를 다르게 받아들인다.

성공자들은 위기 앞에서 두려움에 빠져 절망하는 일이 없다. 오로지 미래를 스스로 통제할 수 있다는 강한 확신만 가질 뿐이다. 그래서 어느 상황에서도 현실에 굴복하지 않고 당당하게 전진해 가며 머지않은 미래에 우뚝 선 자신의 성공한 모습을 상상한다.

위기로 인한 두려움을 이겨 내고 앞으로 계속 나아갈 수 있는 힘은 미래에 대한 자신의 확신에서 나온다. 그 확신만이 두려움과 걱정을 최소화시킬 수 있고, 그것으로부터 벗어날 수 있는 용기를 준다. 여기서 확신이란 성공에 대한 확신을 말한다. 그저 막연히 '나는 성공할 거야'가 아닌 '나는 반드시 성공한다!'라는 강한 집념이다.

"나의 선택은 옳다. 나의 선택은 미래에 분명 옳다고 증명될 것이다. 나는 반드시 성공할 수 있다."

이런 식으로 미래에 집중하고 낙관적으로 생각한다면 두려움은 이내 사라질 것이다. 그러나 이 모든 것은 목표가 확실했을 때의 이야기다. 아무런 대책도 없이 무조건 잘된다는 확신을 가지는 것은 무모한 일이다. 그것은 자기 위안에 지나지 않는다.

예를 들어, 공부를 게을리하고 시험에 응했다고 하자. 우리의 머릿속에선 당장 '만약 중간고사 성적이 안 좋으면 어떡하지?'라는 울림이 메아리칠 것이다. 하지만 이것은 사소하며 얼마든지 바꿔 놓을 수 있는 걱정거리다. 중요한 것은 '만약 ~한다면?'으로 그치는 것이 아니라 '그러고 나서는?'이라는 질문으로 늘 그다음을 준비하는 것이다.

'만약 중간고사 성적이 나쁘게 나온다면?'이라는 걱정거리가 생겼을 때 '우선은 최선을 다하고 그다음에 부모님께 다음에는 열심히 하겠다, 라는 약속을 해 드리고, 기말고사 때는 준비를 철저히 해야지' 하면 두려움과 걱정은 사라진다.

최악의 시나리오, 우리가 두려워하고 걱정하는 일이 실제로 벌어졌을 때를 대비하기 위한 '그다음은?'이라는 질문을 항상 염두에 두자. 미래를 준비하는 데 도움이 된다. 걱정만 하고 아무것도 준비하지 않으면 기회가 와도 잡을 수 없다. 기회는 흘러가는 어떤 상황 속에서 선택하는 것이지 우리 앞에 나타나 머무는 것이 아니다. 기회를 보는 눈은 미래를 위한 준비가 되어 있을 때 가질 수 있는 것이다. 똑같은 상황에서 누구는 기회를 발견하고, 누구는 그저 현재의 사소한 것들에 얽매여 기회를 볼 수 없는 것은 모두 '준비된 자세'와 연관되어 있다.

처음 자전거를 배웠을 때를 떠올려 보자. 그저 발아래만 바라보며 페달을 밟기 바쁘다. 얼마 가지 않아 비틀거리고 넘어지기 일쑤다. 시간이 흐르고 앞바퀴 저 너머를 볼 수 있게 되면 조바심은 제법 사라진다. 이윽고 멀리 내다보고 앞으로 나아가야 할 방향을 가늠할 수 있을 때 비로소 달리는 즐거움을 만끽하게 된다. 그리고 그다음에는 앞을 보지 않아도 중심을 잡을 수 있으며 그동안 보이지 않았던 주위 경관들이 눈에 들어오게 된다. 기회를 보는 눈을 갖는다는 것은 바로 이와 같은 이치다.

넘어질까 무서워 두 손에 힘을 주고 달리기만 한다면 자전거를 타는 묘미가 없다. 점점 익숙해지면 한 손을 놓고 타다가 점차 두 손을 놓고 달리는 시도를 하고, 심지어 앞바퀴를 들어 올리는 곡예도 부린다. 성공한 사람들이 계속해서 더 큰 성공에 몰입하는 것도 이와 같이 또 하나를 극복하면서 자신감을 얻게 되기 때문이다.

'만약 ~한다면'과 '그러고 나서는?' 이 두 가지 질문은 걱정,

근심을 관리하는 것에 그치지 않고 자신의 비전을 관리하는 데도 많은 도움을 준다. 자신이 이루고 싶은 비전을 상기하며 그 비전을 현실화시키려면 구체적으로 무엇이 필요한지 끊임없이 구상해야 한다. 이때 '그러고 나서는?'이라는 질문이 유용하게 활용된다. 5년 후, 10년 후, 더 길게는 20년, 30년 후 자신이 어떻게 변해 있을지 '만약 ~한다면?'이라고 고민하는 것은 그 시기를 대비하기 위해 어떤 준비와 대책이 필요한지 행동으로 옮길 수 있게 도와준다.

두려움, 걱정 등은 사람이라면 누구나 느끼는 감정이다. 걱정거리가 많아 마음이 산만해질 때는 심리학자 어니 젤린스키의 말을 되새겨 보자.

"걱정의 40%는 절대 현실로 일어나지 않는다. 걱정의 30%는 이미 일어난 일에 대한 것이다. 걱정의 22%는 사소한 고민이다. 걱정의 4%는 우리 힘으로는 어쩔 도리가 없는 일에 대한 것이다. 걱정의 4%는 우리가 바꿔 놓을 수 있는 일에 대한 것이다."

세계적인 작가 마크 트웨인도 이렇게 말했다.

"끔찍한 일을 몇 가지 겪긴 했지만 걱정했던 일 가운데 그저 일부에 불과했다."

행동하지 않으면서 아직 일어나지도 않은 미래의 일 때문에 고민에 휩싸여 있다면 결국 두려움이 우리를 옭아매고 말 것이다.

나는 왜
초조하고 불안할까?

나를 믿어라. 인생에서 최대의 성과와 기쁨을
수확하는 비결은 위험한 삶을 사는 데 있다.

– 프리드리히 니체

어린 시절, 주위 어른들로부터 이런 말을 많이 들어 봤을
것이다.

"넌 아직 어려서 안 돼."

"안 돼! 그건 니무 위험해."

"왜 그런 무모한 짓을 하려고 하니?"

"네가 그걸 어떻게 할 수 있겠어."

"넌 그런 일을 한 번도 해 본 적이 없잖아."

이런 말들을 들으며 아마도 마음속에 품고 있는 것과 그것이 실제로 이루어질 수 없다는 생각 사이에서 혼란스러웠을 것이다. 그래서 해 보지도 못하고 옆으로 치워 두거나 미루어 둔 일도 적지 않을 것이다. 그때부터 형성된 제한적인 조건들이 아주 서서히 차츰차츰 마음속에 자리를 잡기 시작했을 것이다. 그것이 습관이 되다 보면 혼자서 쉽게 할 수 있는 일들도 자꾸 누군가의 도움을 필요로 하며 두리번거리게 된다. 또 정작 해야 할 일이 앞에 있는데도 자꾸 망설이고 미루며 이렇게 스스로에게 묻는다.

"과연 내가 잘할 수 있을까?"
"만약 잘하지 못하면 어떡하지? 차라리 하지 말까?"
그럼 마음속의 '또 다른 나'는 이렇게 대답한다.
"그래. 넌 아직 그런 걸 배우지도 않았어. 하지 마."

그동안의 경험대로 또다시 자신을 한계 속에 가두고 만다. 이는 어리석은 짓이다. 우리에겐 충분한 가능성이 있다. 무엇이든 할 수 있는 힘 말이다. 우리는 지금은 쉽게 운동화 끈을 맬 수 있지만 처음부터 잘했던 것은 아니다. 맨 처음에는 끈을 구멍에 집어넣는 것조차 어려워했다. 그럼에도 무수히 반복하다 어느 순간 그걸 터득하게 되었다. 운동화 끈을 자신이 묶겠다고 고집을 부리는 바람에 부모님은 몇 시간을 묵묵히 기다려야 했다. 스스로 끈을 묶은 운동화를 신고 얼마나 좋아했었는지 그때를 떠올려 보라.

지금은 아무렇지 않게 하는 행동들, 그리고 크고 작은 선택들은 모두 그런 과정을 거쳤다. 어렸을 때의 나는 새로운 일에 도전하는 걸 두려워하지 않는 그야말로 호기심 박사였다. 언제나 새로운 장난감, 새로운 놀이기구, 새로운 친구를 원했다. 거창한 꿈도 있었다. 아주 위대한 꿈이었다. 그땐 정말 많은 것을 창조해 내는 창조자였다. 그러나 지금은 어떠한가? 작은 일에도 확신이 없어 항상 초조하고 불안해 한다. 자신의 꿈이나 목표를 이루기 위해 꼭 해야만 하는 작은 노력을 옆으로 팽개쳐 두고 있다. 왜 그럴까? 왜 항상 뭔가 하려고 하면 초조하고 불안한 마음이 먼저 고개를 드는 것일까? 그 이면에 두 가지 마음이 있기 때문이다.

하나는 '잘하고 싶은 마음'이다. 잘해서 꼭 성공하고 싶은데 잘하지 못하면 어쩌나 하는 걱정이 마음에 자리 잡기 때문이다. 잘해서 부모님이나 가족, 선생님을 기쁘게 해 드리고 싶은 마음, 그리고 주위 사람들에게 인정받고 싶은 마음이 앞서기 때문이다.

또 하나는 '다른 사람들이 날 어떻게 생각할까?' 하는 마음이다. 이런 마음 때문에 타인의 시선을 의식하게 된다. 다른 사람들에게 잠시라도 좋지 않게 비쳐지거나 바보스럽게 보이는 것이 두려워 주저하는 것이다. 심지어 어떤 친구는 문화센터 강의실을 잘못 찾아왔는데도 나가지 못하고 강의가 끝날 때까지 앉아 있기도 한다. 왜 그랬느냐고 물어보면 "다른 사람들이 이상하다거나 무례하다고 할까 봐서요."라고 대답한다. 두 번 다시 마주칠 이유가 없는 전혀 모르는 사람들인데도 말이다. 의외로 많은 친구들이 그런 상황에서 비슷한 반응을 보인다. 타인의 시선에 잠시라도 좋지 않게, 또는 바보스럽게 비쳐질 것에 대한 두려움, 불안감 때문에 자신이 느낄 행복과 만족감을 포기한다면 그것이 과연 옳은 일이라고 할 수 있을까? 이럴 땐 자신만을 생각할 수 있어야 한다. '다른 사람들이 나를 어떻게 생각하는지는 내가 알 바 아니야'라고.

무슨 일을 하든지 몇 명은 나를 좋아할 것이고, 몇 명은 싫어할지도 모른다. 그리고 나머지 사람들은 무슨 일을 어떻게 하든지 전혀 상관하지 않을 것이다. 그러니 다른 사람이 나를 어떻게 생각할까를 걱정해서 기회를 놓치는 것은 어리석은 일이다.

다른 친구들이 자신을 헐뜯는다면 밤잠을 설치며 괴로워할 수도 있다.

'뭐가 문제일까? 대체 뭐가 잘못된 거야? 난 아무래도 착한 애가 아닌가 봐. 아무도 날 좋아하지 않아.' 그러나 이런 것들이 계속해서 문제가 되리라고 생각히느가? 다른 친구들도 마찬가지로 자기 자신을 가장 많이 생각한다. 내가 잘 보이고 싶어 하는 상대(친구들)도 실제로는 오로지 자신의 시험 성적에 대해서만 걱정하고 있을지 모른다. 다른 사람들이 무엇을 생각하든 그 내용은 항상 똑같다. 바로 자기 자신을 제일 중요하게 생각하고 자기 자신을 가장 우선시한다는 것이다.

앞으로 살아가면서 절대 잊지 말아야 할 부분이 있다. 최종적으로 경쟁할 상대는 다른 친구가 아니라 바로 나 자신이라는 것을. 남의 시선을 의식하지 말고 진정으로 원하는 꿈, 목표를 향해 거침없이 나아가야 한다.

다른 사람의 기대나 비판에 아랑곳하지 않고 자신의 생각을 밀고 나가는 것은 매우 어려운 일이다. 하지만 지금 시점에서 가장 중요한 것은 자신의 행복을 다른 사람들에게 넘기지 않겠다는 것, 그리고 다른 사람들이 내 인생을 휘두르지 못하게 하겠다는 다짐이다.

여러분 개개인은 대단히 강력하고 특별한 존재다. 물론 시련이나 고통이 가해지면 스스로 그저 평범한 사람이고자 타협하며, 되도록 쉬운 길을 찾으려 애쓰게 마련이다. 인생을 안전하게 살고자 무리에 휩쓸려 묻어가기도 한다. 그렇게 살기는 쉽다. 하지만 생각해 봐야 할 것이 있다. 그것들이 여러분의 꿈을 포기할 만한 이유가 되는가, 하고 말이다.

'긍정'보다 '부정'을
선택하는 이유는 무엇일까?

나약한 태도는 성격도 나약하게 만든다.

— 알베르트 아인슈타인

타고난 재능이 없다고 낙담하는 친구들이 있다. 그러나 선천적으로 타고난 재능보다는 추진력과 결단력이 성공에 더 많은 영향을 끼친다는 연구 결과들이 많다. 그런데도 미리부터 겁을 먹고 자신의 새로운 가능성을 보려고 하지도 않는다. 타고난 재능이나 특별한 강점이 없어도 얼마든지 자신의 꿈을 이룰 수 있다.

월 겔로그라는 사람이 있었다. 그는 친구도 없고, 그렇다고 관심 있는 것도 거의 없는, 재능이라고는 찾아볼 수 없는 아주 소심한 사람이었다. 윌은 마흔 여섯이 되어서야 사업을 하겠다고 나섰다. 그 당시 윌은 아주 적은 월급을 받으며 의사인 형을 위해서 일하고 있었다.

어느 날, 윌은 환자용 음식을 만들기 위해 실험을 하다가 우연히 '플레이크'를 만들게 되었다. 처음엔 단지 좀 더 오래 보관할 생각으로 밀을 끓는 물이 든 단지 안에 넣어 두었다. 더운 열기로 밀이 부드러워지자 그는 그 밀로 플레이크(낱알을 얇게 으깬 식품)를 만들어 보았다. 윌은 이렇게 만들게 된 플레이크를 상품화하면 좋겠다고 생각했다.

윌은 형에게 플레이크를 대량 생산해 판매하자고 설득했지만 거절당하고 말았다. 의사인 형은 동생의 아이디어가 별게 아니라고 생각했던 것이다. 그러나 윌은 자신의 아이디어를 상품화하기로 결심하고 작업에 나섰다. 그 결과 미국에서 가장 부유한 사람 중의 한 명이 되었다. 지금은 많은 사람들이 그가 만든 플레이크로 아침 식사를 대신하고 있다.

만약 윌 켈로그가 형의 말대로 자신의 아이디어가 별게 아니라고 믿고 그 꿈을 포기했다면 어떻게 되었을까? 그는 여전히 적은 돈을 받으며 평생 형의 병원에서 일했을지도 모른다. 사람들은 미지의 것, 새로운 일에 대해 두려움을 느낀다. 무언가 할 수 있다고 생각하면서도 자신이 가진 능력으로 과연 그 일을 해낼 수 있을지 확신하지 못한다.

'난 할 수 있어'라고 생각하기보다는 '난 절대 못 할 거야'라고 생각한다. 또 '난 그만한 자신감이 있어'라기보다는 '난 그 어떤 재능노 없기 내문에 안 돼'라고 생각한다. 심지어 '나는 성공한 사람들이 가진 것을 갖지 못했어'라며 아예 어떤 생각도 하지 않으려 한다. 머릿속을 온통 부정적인 생각들로 가득 채우는 것이다. 이제 그런 생각은 그만하자. 우리 모두에게는 성공한 사람들과 똑같은 능력이 있다는 사실을 인지해야 한다.

토머스 에디슨은 정규교육을 3개월밖에 받지 못한 사람이었다. 그런데도 발명왕이라는 닉네임이 붙을 정도로 성공한 위인이다. 어느 날 직원의 실수로 작업실에 불이 나자 에디슨은 "지금껏 발명하면서 실패한 흔적도 같이 타 버리니 오히려 잘됐다."라고 말하며 화마에 휩싸인 작업실을 바라보았다. 불이 나서 제대로 연구를 할 수 없는 상황에서도 1년 후 축음기를 만들어 냈다. 전구를 발명하기까지는 1만 번의 실패를 거듭했다. 하지만 그는 그것을 실패로 받아들이지 않았다. 자신이 실패를 한 것이 아니라 전구를 만들 수 없는 9,999가지의 새로운 방법을 알게 된 것이라고 생각했다.

키 작은 위인 하면 떠오르는 사람, 세계를 정복했던 나폴레옹은 이렇게 말했다.

"내 키를 땅에서부터 재면 누구보다 작아도, 하늘로부터 재면 누구보다 크다."

그는 자신의 작은 키를 조금도 부끄러워하지 않았다. 또 가난한 사람들의 삶을 대변하며 88세의 나이로 세상을 떠날 때까지 세계의 수많은 사람들에게 웃음을 주었던 찰리 채플린. 그는 다섯 살 때 한 뮤직홀의 무대에서 춤을 추고 노래를 불러 번 돈으로 가족의 생계를 책임졌다. 하지만 관객들이 던져 주는 동전만으로는 가족의 생계를 이어 갈 수 없었다. 끝이 보이지 않는 가난과 계속되는 불행으로 인해 아버지는 알코올 중독자가 되어 버렸고, 얼마 후 어머니마저 정신병을 앓게 되었다. 어린 찰리 채플린은 거리에서 노숙을 하는 처지로까지 내몰린다. 지독한 불행으로부터 도망치고 싶었던 그는 삶을 포기하려고 했다. 그러나 그는 그렇게 하지 않았다. '비록 구걸과 노숙을 하고 있지만 나는 세계 최고의 배우다'라는 강한 믿음을 갖고 시련을 견뎌 냈다. 사람들은 어린아이의 철없는 생각쯤으로 치부해 버렸지만 그런 그의 믿음이 그를 구해 냈다. 그는 자신을 지켜 준 믿음에 대해 훗날 이렇게 말했다.

"그런 확신이 없었다면 나는 고달픈 인생의 무게에 짓눌려

일찌감치 삶을 포기해 버렸을 것이다."

비록 힘든 삶을 살았지만 찰리 채플린은 자신이 경험한 삶의 희로애락을 온몸으로 표현해 가난한 사람들에게 행복한 웃음을 주었던 것이다.

'에어 조던'이라는 별명으로 불리기도 하는 전 NBA 농구 선수 마이클 조던은 농구선수로서는 단신에 속했다. 학창 시절에는 작은 키 때문에 선발 출전에서 제외되는 아픔을 겪기도 했다. 그러다 우연히 하늘을 나는 새를 바라보던 중 공중에 오래 머물 수만 있다면 키 큰 선수들을 따돌릴 수 있을 거라는 생각이 들었다. 그날부터 피나는 연습을 한 결과 엄청난 높이로 뛰어오를 수 있었고, 그의 멋진 덩크 슛을 보며 관중들은 열광했다. 그는 9,000개 이상의 슛에 실패했고 300번의 게임에서 패배했다. 그러나 그는 결코 실패를 부정적으로 받아들이지 않았다.

"나는 수많은 실패를 거듭했다. 하지만 바로 그것이 내가 성공할 수 있었던 이유다."

그는 지극히 부정적으로 바라볼 수 있는 현실 앞에서 긍정적인 태도를 유지함으로써 중심을 잃지 않았다. 그것이 그를 농구계의 살아 있는 신화로 불리게 한 원천이 된 것이다.

부정적인 사람은 결코 성공하지 못한다. 왜냐하면 그들은 자존감이 낮아 낯선 세상을 받아들이는 데 오랜 준비가 필요하기 때문이다. 그리고 설령 낯선 세상과 마주했다 하더라도 그 속에서 새로운 가치를 발견하려 노력조차 하지 않는다.

"내가 과연 해낼 수 있을까?"라거나 "나 같은 애가 이런 기회를 얻어 본들 무슨. 내가 뭘 할 수나 있겠어."라며 마음의 문을 닫아 버린다. 다른 친구들이 여러 개의 관문을 통과해 앞서 가고 있을 때도 혼자서만 한 개의 관문도 통과하지 못하고 뒤처지는 것이다. '결국 나 혼자서만 뒤처졌어'라며 또다시 부정적인 생각에 사로잡힌다. '긍정'보다 '부정'을 선택하는 이유는 이런 악순환을 거듭하는 과정에서 습득된 습관 때문이다.

궁극적으로 여러분을 제한하는 건 외부의 환경이나 조건이 아닌, 바로 자신의 생각의 차이라는 것을 깨달아야 한다. 부정적인 생각은 앞으로 나아가지 못하도록 그 자리에 안주하게끔 만들고 패배적인 습관을 길들이며 끝없이 자신을 원망하게 한다. 현재의 자리에서 자신이 원하는 곳으로 가지 못하게 막는 장애물은 바로 자신이 가진 부정적인 생각들이라는 것을 일찍 깨달을수록 인생은 더 높이, 더 멀리 발전할 수 있다.

실패가
나쁜 것만은 아니야

실패하는 것은 곧 성공으로 한 발짝 더 나아가는 것이다.

– 메리 케이 애시

예를 들어, 여러분이 특별활동 시간에 뭘 할까 궁리하다가 농구부에 들었다고 하자. 어려서부터 형과 자주 농구 게임을 해 왔기 때문에 다른 아이들보다는 자신이 우위에 있다고 생각했다. 하지만 자유투에 번번이 실패했다. 그럼에도 자유투 던지는 연습을 하지 않았다.

그런데 어느 날, 다른 반 아이들과 농구시합을 하게 되었다. 현재 우리 팀은 상대편에게 한 점 뒤진 상황이고, 경기 종료시간은 3초를 남겨 두고 있다. 긴장되는 순간, 자신에게 두 개의 자유투를 던질 수 있는 기회가 주어졌다. 승패가 자신의 손에 달려 있는 것이다.

결과는 어땠을까? 아쉽게도 자유투 두 개를 모두 놓치고 말았다. 정말 죽고만 싶을 것이다. 너무나 속이 상해 몇 날 며칠 잠도 제대로 이루지 못했다. 그러다 어떤 결심을 한다.

A는 '눈 감고 자유투를 성공시킬 때까지 매일 연습을 하겠어'라고 결심했다.

B는 '난 농구와 맞지 않아. 다시 농구를 하는 일은 없을 거야. 다른 운동을 찾아봐야겠어'라고 마음을 굳혔다.

이 상황에서 여러분이라면 어떤 선택을 할까?

A는 매일 밤 열심히 연습한 덕분에 팀에서 자유투를 제일 잘 던지는 선수가 되었을 것이다. 반면 B는 농구를 포기하고 축구부에 들었다가 또 얼마 견디지 못하고 그만두고 말 것이다. 누구나 A처럼 되고 싶고 그처럼 결심하고 싶을 것이다. 그런데 A처럼 생각하지 못하고 스스로에게 계속 의문을 갖는 사람이 있다.

"왜 내게만 이런 일이 생기는 거지?"

"왜 난 문제투성이지?"

"왜 하필 나인 거야?"

'왜?'라는 질문만 하면서 중요한 시간을 흘려보내고 있는 것이다. 그런 사람은 대인관계에서도 똑같은 반응을 보인다. 건너편 동네에 사는 예쁜 여자아이와 친해지고 싶은데, 그 아이가 다른 친구에게 관심을 보일 때 다음과 같이 말한다.

"내가 공부도 더 잘하고 얼굴도 잘생겼는데 왜 나를 싫어하지?"

"나쁜 일, 좋지 않은 일은 왜 나에게만 일어나는 거지? 이건 결코 내 잘못이 아니야."

여기서 중요한 것은 '왜?'라는 질문이 아니다. 그리고 내 잘못이 아니라는 식으로 자신을 위로하는 것도 아무런 도움이 되지 못한다. 오히려 이런 질문은 스스로를 자기연민에 빠뜨려 실패자로 살아가게 만든다. 자기 자신을 불쌍히 여기며 안타까워하면 할수록 문제를 해결하려는 의지만 시들해질 뿐이다. 결국 포기하는 대답만이 돌아온다.

"뭐 하러 힘들게 노력해? 어차피 되지도 않을 텐데."

이런 식으로 자신에게 꼬리표를 붙인다. 자포자기한 상태에서는 결코 자신을 둘러싸고 있는 가능성을 볼 수 없다. 여러분의 내면에는 무엇이든 할 수 있는 힘, 가능성이 존재하고 있다. 단지 그것을 깨닫지 못하고 있을 뿐이다.

태국에는 '왓 트라밋(황금부처의 사원)'이라는 작은 사찰이 있다. 이곳에는 높이 3미터, 무게 5.5톤에 달하는 거대한 황금불상이 있다. 가격으로 따지면 약 1억 9,600만 달러에 달하는 이 불상에는 다음과 같은 사연이 깃들어 있다고 한다.

1957년, 방콕을 통과하는 고속도로 공사 때문에 이 사원의 위치를 옮겨야 했다. 그래서 사찰의 승려들은 자신들의 사원에 모셔진 진흙 불상을 새로운 장소로 이동하기로 결정했다. 크레인을 동원해서 그 거대한 진흙 불상을 들어 올리는 순간, 엄청난 무게로 인해 불상에 금이 가기 시작했다. 설상가상으로 비까지 내렸다. 불상의 손상을 우려한 사람들은 즉각 작업을 중단하고 커다란 비닐로 덮어 둔 뒤, 다음 날 다시 작업을 하기로 결정했다.

그날 밤, 주지 승려가 불상을 점검하기 위해 비닐을 젖히고 플래시로 진흙 불상을 비춰 보았다. 안타까운 마음으로 불상의 금이 간 곳을 바라보고 있는데 글쎄, 점토 틈새로 희미한 빛이 반사되어 나오는 것이었다. 의아하게 여긴 주지 승려는 그 빛을 자세히 살펴보았다. 순간 흙으로 덮인 불상 안에 무언가가 들어 있지 않을까, 하는 생각이 들어 도구를 이용해 진흙을 조심스레 걷어 내기 시작했다. 진흙을 걷어 낼수록 반사광은 더욱 밝아져 눈부시기까지 했다. 마침내 작업을 마친 그의 앞에는 황금으로 만들어진 거대한 불상이 놓여 있었다. 그 불상은 진흙으로 만들어진 불상이 아니라 원래 황금불상이었던 것이다.

역사가들의 기록에 의하면 수백 년 전 미얀마 군대가 사이암 왕조(태국)를 침략한 적이 있었다고 한다. 그때 사이암 왕조의 승려들은 나라가 위태로운 것을 깨닫고 자신들이 소중하게 여기는 황금불상에 진흙을 입히기 시작했다. 그것은 불상을 미얀마 군대에게 빼앗기지 않기 위한 묘책이었다. 그래서 진흙으로 뒤덮인 황금불상은 1957년까지 비밀로 남아 있게 되었던 것이다.

황금불상처럼 여러분의 내면에도 위대한 가능성, 밝혀지지 않은 찬란한 빛이 숨겨져 있다. 두려움, 초조, 불안으로 뒤덮인 진흙 더미 때문에 그 황금빛을 보지 못하는 것뿐이다. 이제 정과 끌을 이용해 그것들을 부숴 버려야 한다. 여러분에겐 무엇이든 이룰 만한 충분한 가능성이 있다는 것을 잊지 말아야 한다.

여러분에게는 꿈이 있을 것이다. 되고 싶은 사람, 가장 하고 싶은 일이 있을 것이다. 그 꿈을 생각하면 마음이 쿵쾅거리고 미소가 떠오르고 괜스레 즐거워진다. 꿈을 이루는 데 타고난 재능이나 특별한 장점이 있어야 되는 것은 아니다. 그런 것이 없어도 얼마든지 꿈을 이룰 수 있다. 그렇다고 꿈을 이룰 것이라는 생각만 하며 가만있어도 된다는 뜻은 아니다. 꿈이나 목표를 이루기 위해서는 당연히 그만큼의 노력과 시간이 필요하다. 그런데 지금 불안, 초조, 두려움 때문에 노력도 하지 않고 꿈을 팽개쳐 두고 있는 건 아닌지 생각해 보자.

무의식적으로 과거에 실패했던 경험을 떠올리며 '그때 제대로 안 됐으니 지금도 또 그럴 거야'라고 걱정할 필요는 없다. 미리 걱정하고 결국은 아무것도 이루지 못할 거라며 겁부터 내서는 안 된다는 말이다. 결국 그런 행동은 실패가 자신의 미래를 결정짓도록 내버려 두는 것과 같다. 안 되는 이유를 찾으면 당연히 안 되는 이유가 떠오른다. 즉, 되는 이유를 찾아야 한다는 것이다. 성공한 사람들은 그 일이 성공할 수밖에 없는 이유를 찾아낸다.

많은 친구들이 실패했을 때, 다시는 실패하지 않기 위해 노력하기보다는 자신에 대한 실망으로 자기연민에 빠져들고 만다. 어떤 일이든 강 건너 불 보듯 하면서 스스로를 합리화시키기 바쁜 것이다. 우리는 성공보다는 실패를 더 많이 한다. 그러나 실패를 경험하면서 더 많은 것들을 배운다. 실패하면 그 문제에 관심을 기울이고 해결하려고 더욱 노력하기 때문이다. '왜?'라고 물을 것이 아니라 '뭐가 문제지?'라고 물어보는 습관을 가져야 한다.

"이 문제를 풀려면 어떻게 해야 하지?"

"내가 여기에서 배워야 할 것은 무엇이지?"

'왜?'가 아닌 '어떻게 문제를 풀어 나가고 여기에서 무엇을 배울까?'와 같은 질문이야말로 여러분을 몇 단계 더 발전시키는 지름길이 되어 줄 것이다.

07

결심이 작심삼일이 되는 이유는 무엇일까?

인생에는 서두르는 것 말고도 더 많은 것이 있다.
– 마하트마 간디

　새해가 되고, 새 학기가 시작되면 숱한 계획들을 세운다. 성적 5점 올리기, 새로운 악기 다루기, 책 많이 읽기 등 하고 싶은 것을 꼭 하겠다고 결심한다. 그리고 아침에 일찍 일어나 공부하기, 쉬는 시간에 수학문제 하나씩 풀기, 게임시간 줄이고 그 시간에 예습 복습하기 등 나쁜 습관을 고쳐 보겠다는 결심도 한다. 그런데 대부분의 계획이 3일을 넘기지 못하고 원래대로 돌아간다. 그러고는 다음과 같이 한탄한다.

　"난 잘하는 게 아무것도 없어."

"이렇게 하다가는 난 실패자가 되고 말 거야."

"나는 끈기가 없어. 도대체 왜 이러지?"

이렇게 위로하는 사람도 있다.

"난 머리는 좋은데 끝까지 노력하는 끈기가 부족해. 내가 마음만 먹으면 성적을 올리는 것쯤은 문제없어."

계획이 작심삼일이 되는 것은 즉시 결단을 내리지 못하는 우유부단함과 끈기가 부족한 것이 원인이다. 《관자》 '소광(小匡)' 편에 보면 다음과 같은 이야기가 나온다.

관중이 재상 자리를 수락한 뒤 사흘이 지나, 제 환공이 그를 불러 담소를 나눴다.

"과인에겐 나쁜 습관이 세 가지가 있는데, 그럼에도 나라를 잘 다스릴 수 있을지 모르겠소."

그러자 관중이 말했다.

"신은 지금껏 폐하께 나쁜 습관이 있다는 말은 들은 적이 없습니다."

이에 환공이 말했다.

"불행히도 과인이 사냥에 푹 빠졌다오. 밤낮으로 산속을 헤매며 사냥감을 잡기 전에는 궁궐로 돌아오는 법이 없소. 그래서 제후국에서 보낸 사신들은 나를 보지 못한 채 빈손으로 돌아가기 일쑤고, 조정의 대신들은 제때 조서를 받지 못해 발을 동동 구르는 지경이라오."

그러자 관중이 말했다.

"좋은 일은 아니오나 그렇다고 심각한 문제도 아닙니다."

환공이 또다시 말했다.

"그뿐만이 아니오. 과인이 술을 좋아해 밤낮으로 술독에 빠져 지내는 날이 허다하다오."

이에 관중이 말했다.

"그것 역시 좋은 일은 아니오나 그렇다고 심각한 문제랄 것까지는 없습니다."

그러자 환공이 다시 말했다.

"허나 그보다 더 심각한 나쁜 습관이 있소. 불행히도 난 여색을 밝히는지라 사촌 누이들까지도 붙잡아 놓고 시집을 보내지 않고 있소."

그러나 이번에도 관중은 이렇게 말했다.

"그것 역시 좋은 일은 아니오나 국정에 영향을 미칠 만큼 심각한 문제는 아닙니다."

그러자 환공이 의아한 눈빛으로 고개를 갸우뚱거리며 물었다.

"이런 나쁜 습관이 세 가지나 있는데 모두 괜찮다면, 도대체

이 세상에 나쁜 것이 뭐가 있단 말이오?"

이에 관중은 정색하고서 말했다.

"무릇 군주는 우유부단함과 게으름을 멀리해야 합니다. 우유부단하면 백성을 지킬 수 없고, 부지런하지 못하면 일을 이룰 수 없기 때문입니다."

관중은 군주가 우유부단하고 게으른 것이야말로 가장 나쁜 습관이자 병폐라고 여겼다. 그래서 제 환공이 사냥을 즐기고 술과 여색에 빠지는 것조차 대수롭지 않게 여겼던 것이다. 학생 역시 게임을 좋아하고, 노는 것을 좋아하는 것은 나쁜 것이 아니다. 공부해야 할 시간이 되었음에도 우유부단해 결단을 내리지 못하고 계속 게임하고 노는 것이 나쁜 습관이다.

우유부단함이란 결단을 내려야 할 때마다 망설이며 결정을 미루거나 끝없는 갈등에 빠지는 것을 의미한다. 성격이 우유부단한 사람들은 대개 자신이 내리는 결정을 확신하지 못한다. 혹시라도 자신이 내리는 결정으로 인해 빚어질 앞으로의 모든 가능성을 의심하는 것이다. 우유부단한 사람은 하는 일마다 결정을 내리지 못하는 성격상의 결함 때문에 인생에서 성공할 수 있는 수많은 기회를 그냥 떠나보낸다는 점에서 가장 불쌍한 사람이라고 할 수 있다. 이런 사람은 자기 자신에게 확신이 없을 뿐 아니라 그 누구에게도 신뢰받지 못한다.

어떤 일이든 새롭게 일을 시작할 때는 많은 위험 요소들과 싸워야 한다. 계획을 하고 실행하는 과정에서 우리의 몸은 본래 하던 익숙한 행동으로 되돌아가려는 경향을 보인다. 이때 즉시 '이대로 멈춰서는 안 돼. 계획대로 해야 해'라고 빨리 결단을 내릴 수 있어야 한다. 우유부단함은 끈기가 부족하다는 의미다. 여러분의 마음속에는 성공하고 싶은 마음이 있고, 기대를 걸고 있는 주위 사람들에게 인정받고 싶어 하는 열망이 있다. 그것을 제대로 보여 주기 위해서는 끝까지 최선을 다하는 끈기 있는 자세가 필요하다. 끈기는 진정한 자신의 모습을 보여 줄 수 있는 가장 중요한 요소 중 하나다.

인터넷에서 발레리나 강수진의 발을 본 적이 있을 것이다. 하루 19시간, 1년에 1,000여 켤레의 토슈즈가 닳아 떨어지도록 연습한 그녀의 발은 아름다운 춤을 추는 발레리나의 발이라고는 상상할 수 없을 정도로 망가져 있다. 망가진 그녀의 발에 생긴 굳은살은 그녀가 얼마나 고통의 순간을 이겨 내며 끈기 있게 연습했는지를 보여 준다. 이렇듯 끈기는 성공한 모든 사람들에게 공통적으로 나타난다. 피겨여왕 김연아 역시 초등학교 2학년 때부터 2년 동안 피나는 연습을 통해 2회전 반 점프를 완성했다. 그녀는 휴일을 제외하고 1년에 300일가량을 훈련했다고 한다. 빙판에서 하루 30여 회 점프훈련을 했으니 1년이면 9,000회가량 점프를 한 셈이다. 점프의 성공률이 80% 선이라고 하니 어림잡아 1년에 점프하다 넘어지거나 엉덩방아를 찧는 횟수가 1,800번 정도나 되었다고 볼 수 있다. 그녀의 멋진 연기 역시 *끈기*의 결과다.

그리스의 철학자 소크라테스가 제자에게 말했다.

"팔을 최대한 앞으로 뻗었다가 다시 뒤로 뻗어 보아라. 오늘부터 이 동작을 매일 하여라."

제자들은 그렇게 쉬운 것을 왜 못 하느냐며 웃었다. 소크라테스는 한 달 후에 그 동작을 계속 하고 있는 사람을 확인했다. 몇 사람이 손을 들었다. 그리고 1년 후에 다시 확인했다. 단 한 사람만이 손을 들었다. 바로 플라톤이었다. 이에 소크라테스가 말했다.

"너라면 세상을 바꿀 수도 있겠다!"

아무리 쉬운 것도 끈기 있게 하기란 쉽지 않다는 이야기다. 하물며 어렵고 힘든 일이라면 오죽할까. 하지만 끈기가 없이는 아무것도 이룰 수가 없다. 그리고 아무리 힘든 일도 계속해서 열심히 하다 보면 어느 순간부터는 탄력을 받아 쉬워지게 된다. 그러나 대부분의 사람들은 그 시점을 넘기지 못해 실패에 그치곤 한다. 그만두고 싶어질 때는 '한 번만 더'를 외쳐 보자.

08

시련이 닥치면
왜 도피심리가 작용할까?

> 실수를 부끄러워 마라,
> 실수를 부끄러워하면 실수가 죄악이 된다.
> – 공자

목표에 매진하다가 어려움과 마주치는 순간, 갑자기 의기소침해지며 이런 생각이 들 때가 있다.

'어떻게 하지? 난 그 일을 할 만한 사람이 못 되는데…'
'난 아무런 재능이 없나 봐. 하기야 늘 이런 걸 뭐…'
'난 왜 이렇게 어리석지? 난 역시 안 돼…'

시련이 닥치면 왜 도피심리가 작용하는 것일까? 그동안 어려움을 극복해 목표를 성취해 본 경험이 별로 없기 때문이다. 어려운 일을 해 보겠다는 처음 출발은 보통 '그래, 결심했어. 한 번 해 보는 거야'로 시작된다. 그런데 막상 '결심했어'를 수십 번 다짐하면서도 결국은 행동으로 옮기지 못하고 주저앉아 버린다. 하고 싶었던 일을 이루지 못하는 사람들의 대부분이 그런 과정을 거친다. 그렇게 반복되는 패배의식은 비슷한 상황에 직면할 때마다 자신도 모르게 부정적인 사고를 작동시킨다. 부정적인 생각이 녹음된 테이프가 머릿속에서 끊임없이 돌아간다고 보면 된다. 부정적 사고는 주로 무의식적으로 이루어진다. 결국 수년 동안 반복된 부정적인 생각 때문에 현실을 바로 보지 못하게 되는 것이다.

만약 우리의 생각이 분노로 가득 차 있다면 화내기는 더욱 쉬워진다. 또 우울한 생각들로 가득하다면 더 쉽게 울적해진다. 마찬가지로 마음이 즐거운 생각들로 가득 차 있다면 여러분의 얼굴 표정은 이미 환하게 빛날 것이다. 즉, 과거의 실패나 패배에서 고통을 느낀다면 그것은 생각의 결과일 뿐이라는 이야기다.

생각은 멈출 수 없다. 하지만 어떤 생각에 초점을 맞춰야 할지, 마음속에 남겨 둘 생각은 무엇이고 어떤 생각을 쫓아 버려야 할지를 조정하고 결정할 수는 있다. 부정적인 생각이 든다면 다른 생각으로 바꾸어 버리면 된다. '그만 생각하자', '아니야, 다르게 생각하자'라고 그 상황의 긍정적인 면에 초점을 맞추려고 노력하는 것이다. 몸을 움직여 보는 것도 좋다. 얼굴 표정을 바꾸거나 산책을 하거나 신경을 다른 데 쏟을 수 있는 일을 하는 것도 좋다. 이렇게 하면 부정적인 생각이 즉시 중단된다. 패배의식이나 부정적인 생각이 들 때마다 즉각 생각을 멈추고 점점 커지지 못하도록 하는 것이 중요하다.

그런 면에서 커넬 할랜드 샌더스의 성공 스토리는 시련이 어떤 가치를 부여하는지 깨닫게 해 준다. KFC 매장에 가면 입구에서 언제나 미소를 지으며 손님을 맞는 하얀 옷의 할아버지가 있다. 그 할아버지가 바로 KFC의 창업자 커넬 할랜드 샌더스디.

커넬 할랜드 샌더스의 젊은 시절은 불행 그 자체였다. 어린 나이에 아버지를 잃은 뒤 어린 동생들을 돌봐야 했다. 그는 입사하는 회사마다 해고당했고, 하는 일마다 실패만 거듭했다. 훗날 두 차례에 걸친 사업 실패로 재산마저 모두 탕진하게 된다. 마흔 살 때 그는 한 주유소에서 일하게 되었다. 그때 그의 귀에 자주 이런 말이 들렸다.

"이 동네에는 제대로 먹을 만한 음식이 없어!"

사람들의 불평에 그는 아이디어를 하나 떠올렸다. 그리고 즉시 아이디어를 실행에 옮겼고, 얼마 후 압력솥을 이용한 닭튀김 요리법을 개발했다. 그는 자신이 직접 개발한 요리로 작은 음식점을 차렸다. 얼마 지나지 않아 닭튀김 요리는 입소문을 탔고 신문과 잡지에 실리기까지 했다. 그러던 어느 날 식당에 원인을 알 수 없는 화재가 일어났다. 하루아침에 모든 것을 잃고 말았지만 그는 좌절하지 않고 다시 음식점을 차렸다. 야심차게 준비한 음식점은 얄궂게도 급작스런 경제 불황의 여파로 문을 닫아야 했다.

하루아침에 노숙자 신세가 되어 방황하던 그는 끝까지 희망을 놓지 않았다. 남아 있는 재료로 연구한 양념으로 닭튀김을 개발했고, 그 레시피를 다른 식당에 팔기로 마음먹었다. 3년 넘게 음식점과 레스토랑, 호텔 등을 찾아다니며 닭튀김을 소개했지만 음식점 주인들은 그를 그저 노숙자로 여겨 쫓아냈다. 그렇게 1,009곳에서 모두 거절을 당하고 낙담하던 그는 절대로 포기하지 않기로 다짐하며 1,010번째 찾아간 곳에서 계약을 성사시켰다. 그의 나이 68세 때였다.

첫 계약자는 피터 허먼이었다. 샌더스의 치킨 맛에 매료된 허먼은, 치킨 한 피스당 4센트의 로열티를 지불하는 조건으로 계약을 맺었다. 또 켄터키프라이드치킨이라는 이름도 제안했다. 이렇게 출발한 KFC는 현재 전 세계 80여 개국에 약 1만 3,000여 곳의 매장을 가진 세계적인 프랜차이즈로 성장했다.

커넬 할랜드 샌더스는 자신이 개발한 치킨요리 프랜차이즈 계약을 따내기 위해 3년 동안 미국 전역을 돌아다니며 1,009번의 실패를 맛보았다. 그는 1,000번을 거절당하고서도 '한 번 더, 한 번만 더'를 시도했다. 그 결과 오늘날의 KFC가 존재하게 된 것이다.

훌륭한 아이디어를 가진 사람은 수없이 많다. 그러나 포기하지 않고 인내를 가지고 끝까지 행동하는 사람은 드물다. '못해'라는 말처럼 단정적이고 부정적인 말을 사용하는 순간, 모든 성공의 가능성은 자동적으로 닫혀 버린다. 습관적으로 자신을 깎아내리는 말들은 덫이 되어 스스로의 마음을 생각한 대로 움직이게 한다.

우리는 긍정과 부정 중 어떤 생각을 하느냐에 따라 행동을 취할 수도 있고, 뒤로 물러설 수도 있다. 포기가 무서운 것은 일단 한 번 포기하고 나면 두 번째는 더 쉽게 포기한다는 것 때문이다. 이것은 자연히 세 번째로 이어지고 포기하는 습관으로 굳어지게 된다. 따라서 포기하고 싶어질 때 일단 자신의 목표를 바라보고, 원하는 바를 이뤄 낸 모습을 머릿속에 그릴 필요가 있다. 그리하여 그 그림이 자신의 마음을 지배하도록 해야 한다. 머릿속에 목표를 이룬 모습이 가득할 때 두려움에서 오는 부정적인 생각은 말끔히 사라지게 된다.

자신이 하는 일이나 공부, 자신에 대한 믿음이 없다면 그 누구도 각자가 속한 분야에서 성과를 낼 수 없다. 인간은 자신이 가치 있는 일을 하고 있다는 자부심을 가질 때 비로소 최고의 능력을 발휘할 수 있다. 그리고 일을 추진해 나갈 때 발생할 수밖에 없는 위험을 견뎌 낼 수 있다.

자기 자신과 일에 대한 확신은 어려움을 헤쳐 나가도록 스스로를 설득하는 힘을 갖는다. 그리고 이러한 힘은 작은 성공들을 연달아 경험하게 하고 마침내 큰 성공을 불러온다. 일을 해 나가면서 느끼는 소소한 즐거움과 행복이 계속 앞으로 나아가게 하는 동기를 부여하는 것이다.

아프리카 속담 중에 이런 말이 있다.

"내부에 적이 없는 한, 외부의 적은 우리를 해칠 수 없다."

지속적으로 영양을 공급받는 씨앗은 결국 열매를 맺는다. 시련이 닥칠 때마다 포기하지 않고 현명하게 대처한다면 그것은 분명 꿈을 키우는 자양분이 되어 성공을 가져다줄 것이다.

09

자꾸만 다른 것에
눈이 가는 이유

가장 강한 사람은 스스로를 통제할 수 있는 자다.
－ 세네카

누구나 〈토끼와 거북이〉의 이야기를 알고 있을 것이다.

옛날 옛적에 토끼와 거북이가 살고 있었다. 토끼는 매우 빨랐고, 거북이는 매우 느렸다. 어느 날 토끼가 거북이를 느림보라고 놀려 대자, 거북이는 토끼에게 달리기 경주를 제안했다. 경주를 시작한 토끼는 거북이가 한참 뒤진 것을 보고 안심해 중간에 낮잠을 잔다. 토끼가 잠에 빠진 사이 거북이는 토끼 옆을 지나 한참을 앞서간다. 문득 잠에서 깬 토끼는 거북이가 경주에서 이겼다는 사실을 깨닫게 된다.

이 우화는 '천천히 그리고 꾸준히 노력하는 자가 승리한다'는 교훈을 주고 있다. 우리는 흔히 평범한 사람이 위대해질 수 있는 방법이 있다면 노력뿐이라며 노력의 힘을 강조한다. 그러나 노력만으로는 부족하다. 중요한 것은 집중적인 노력이다. 이것도 하고 저것도 하는 분산적인 노력은 결코 위대함을 만들어 내지 못한다. 위대한 힘은 집중적인 노력에서 나온다. 거북이가 경주 자체에만 집중했듯이 말이다.

집중력 문제를 호소하는 학생들이 많다.

"공부를 하긴 해야 하는데 집중이 잘되지 않아요. 공부하려고 책상 앞에 앉으면 자꾸만 딴생각이 들어요. 그렇게 한 시간이 훌쩍 지나가 버려요."

그럴 땐 "그만!"이라고 크게 외치라고 권한다.

"그만!"

자신이 딴 생각에 빠져 있다고 생각되는 순간, '그만!' 하고 소리를 지르며 책상을 친다든가 해서 잡념에서 빠져나올 수 있어야 한다. 한 번 시작된 잡념은 꼬리를 물고 이어져 어느새 시간이 훌쩍 지나가 있음을 나중에야 깨닫게 되기 때문이다. 이 방법은 잡념이 오래 지속되는 것을 막는 확실한 방법이다.

꿈이 '패션 디자이너'라는 한 학생을 만났다. 공부를 너무

못해서 탈인데 원인은 집중력에 있다며 고민을 털어놓았다.

"전 아마 공부에 집중하는 시간이 5분도 되지 않을 거예요. 책상에 앉아 있어도 패션 잡지나 휴대전화에 자꾸만 눈이 가요. 물론 거기엔 제가 공부하기 싫어하는 마음도 한몫할 거예요."

공부를 할 땐 필요한 책과 노트만 남기고 정리를 하는 것이 좋다. 특히 휴대전화나 MP3, 잡지 등은 필히 치우도록 한다. 책상 위에 잡다한 물건이 있으면 주의가 산만해지게 마련이다. 환경은 인간의 행동에 매우 큰 영향을 미친다. 그러므로 집중이 안 되면 우선 환경부터 정돈해야 한다. 또 과거에 대한 후회, 쓸데없는 공상, 미래에 대한 염려 등으로 정신이 산만해지지 않도록 해야 한다. 당장 해야 하는 것만 생각하지 않고 이 시간 이후로 무엇을 할지 앞서 생각하는 것도 집중을 방해하는 요인이다. 한 번에 두 마리의 토끼를 잡을 수는 없기에 마감시간을 정해 놓아야 한다. 그래야 잡다한 생각을 멈추고 한 가지에만 집중할 수 있다.

2010년 2월 14일 일본의 도쿄 국립경기장에서 동아시아연맹 축구선수권대회 한국 대표 팀과 일본 대표 팀의 경기가 있었다. 양 팀은 사활을 걸고 90분 내내 박진감 넘치는 대결을 펼쳤다. 전반 23분 일본의 선제골로 1대0으로 지고 있던 상황이었다. 우리 대표팀은 전반 33분 이동국의 페널티킥으로 경기 분위기를 가져왔고, 첫 골의 함성이 채 가시기도 전에 이승렬이 역전골까지 성공시켰다. 마침 이날은 설날이라 가족들이 TV 앞에 모여 응원하며 다 같이 함성을 질렀다.

기록으로 놓고 보면 한국은 일본에 승리할 수 없는 경기였다. 일본은 전체 볼 점유율이 58.7%로 한국의 41.3%를 크게 앞서 있었고, 코너킥과 직접 프리킥에서도 우위를 보였다. 오직 슈팅 개수만 한국이 앞섰을 뿐이었다. 그럼에도 우리 팀이 일본을 누르고 승리할 수 있었던 요인은 바로 무서운 집중력이었다. 일본은 전체적으로 경기를 지배했지만, 단 몇 순간 압도당하며 한국에 승리를 내주었다. 전체 경기를 15분씩 나눠 점유율을 기록했을 때, 한국은 여섯 번 중 단 한 번 일본에 앞섰다. 바로 전반 30분부터 종료까지다. 한국은 이 시간 동안에 두 골을 터뜨리는 집중력을 보였다. 반면 일본은 수많은 기회를 살리지 못했다. 기록으로 설명할 수 없는, 보이지 않는 집중력이 그날의 승패를 갈랐다. 결국 우리나라는 90분 중 단 15분을 주도하고 승리를 차지하게 된 것이다.

2월 17일 레알 마드리드와 올림피크 리옹의 경기에서는 레알이 패했다. 패한 레알은 패배의 원인을 집중력 부족으로 꼽았다. 야심차게 영입한 카카와 크리스티아누 호날두, 알론소,

카림 벤제마가 총출동했음에도 레알은 리옹의 수비를 무너뜨리지 못하면서 실망스러운 패배를 기록하고 말았다. 구단의 공식 웹사이트에는 '골을 넣으려고 했지만 리옹이 상당히 빠른 속도로 격렬하게 경기를 진행했다. 이에 비해 레알은 집중력이 부족했다'라는 글이 게재되었다.

집중력의 문제는 운동에서 중요한 승패의 요인이다. 유능한 선수들은 하나같이 고도의 집중력을 발휘한다. 그들은 경기가 잘 풀리지 않더라도 흐트러짐 없이 매 순간마다에 집중한다. 양궁선수들은 집중할 때마다 과녁이 접시만큼 커 보인다고 한다. 집중한 타자에게는 날아오는 야구공이 커다란 농구공처럼 보인다. 목표물이 커 보이는 것. 바로 집중의 힘이다.

평소에 자신이 얼마나 집중하는지를 떠올려 보자. 통화를 하는가 싶으면 TV를 보고 MP3로 음악을 듣고 휴대용 오락기로 오락을 하고, 컴퓨터를 켜서 메신저를 하다가 그마저도 싫증이 나면 자리를 박차고 나가 버리는 학생들이 많다. 이 모든 것은 집중력을 방해하는 요인들이다. 많은 학교에서 수업 중 휴대전화의 사용을 금지하거나 압수해 보관해 두는 것도 바로 이런 이유에서다. 목표에 도달하기 전까진 불필요한 것들을 차단하는 결단과 행동이 필요하다.

우리 청소년들은 하루하루 지루하게 반복되는 나날을 보내며 마지못해 공부하고 있다. 이는 정말 어리석은 선택이다. 지금의 선택이 자신의 가능성과 열정을 모조리 부정하는 것이 될 수 있다. 만약 여러분이 하고 있는 공부에 확신이 없다면, 진짜 좋아하고 가치를 발견할 수 있는 것을 찾아보자. 그러한 과정이 선행되어야 자신이 잘하는 것, 하고 싶은 것에 집중할 수 있다.

관심 있는 분야에 집중하는 힘은 그 어떤 힘도 능가한다. 관심이 가는 곳에 기회는 있기 마련이고, 집중해서 최대한 몰입하면 놓칠 수 있는 많은 기회들을 잡을 수 있다. 거기에 집요함은 필수 요소다. 아무것도 하지 않고 시간만 낭비하거나 꿈만 꿔서는 어떤 것도 이룰 수 없다.

에디슨은 하루 18시간씩 일을 했지만 결코 피곤한 적이 없었다고 한다. 그 비결은 좋아하는 일을 오락이라고 생각했기 때문이다. 공부도 오락처럼 즐길 수만 있다면 성적은 쑥쑥 오를 것이다.

"피할 수 없을 땐 차라리 즐겨라."라는 말은 어느새 공부하는 학생들에게 명언이 되었다. 학생에게 있어 공부는 본분이기 때문에 절대 피할 수 없다. 그렇다면 공부를 고통스럽게 생각하기보다 놀이로 생각하면 어떨까?

《삼국지》 '동우전'에 보면 讀書百遍意自見(독서백편의자현)이라는 말이 있다. 글을 백 번 두루 읽으면 그 의미가 저절로 나타난다는 뜻이다. 즉, 가르쳐 주는 이가 없어도 생각을 반복하고 읽기를 여러 번 하면 저절로 깨달아진다는 뜻이다. 무엇이든 끈기를 가지고 노력하면 목적하는 바를 이룰 수 있다는 교훈을 담고 있다.

모든 즐길 거리를 물리치고 불필요한 관심과 자극을 차단하고 공부에만 집중해 보라. 반드시 그에 맞는 성과가 나타날 것이고, 성적이 조금씩 향상되는 순간부터 공부가 더욱 즐겁게 생각될 것이다.

'만약 그때
그렇게 했었더라면…'

우리가 할 수 있기 전에 배워야 하는 일들을,
우리는 하면서 배운다.

– 아리스토텔레스

'스타벅스', 우리는 요즘 어디에서나 흔히 스타벅스를 만난다. 스타벅스는 세계적인 수준의 커피를 공급하겠다는 하워드 슐츠의 비전과 가치가 고스란히 담긴 회사다.

하워드 슐츠는 미국의 카니지 베이뷰 보조주택단지의 빈민가 출신이다. 그런 그가 빈민가 출신이라는 신분에서 벗어나 오늘날의 위치에 설 수 있었던 것은 거의 불가능에 가까운 일이었다. 그의 성공은 천부적인 재능이나 행운이 아닌, 오로지 인내와 노력과 의지의 결과였다. 다른 사람들이 멈춰 서서 휴식하는 동안에도 그는 계속해서 아무도 따라올 수 없도록 내달렸다. 그에게 언제나 충분한 것은 없었다. 항상 그다음에는 무엇을 할까 고민했다. 그는 자신의 인생을 손에 쥐고, 가능한 한 누구에게든 배워 나갔다. 자신에게 다가온 기회를 놓치지 않고 하나씩 하나씩 행운으로 만들기 위함이었다.

하워드 슐츠는 다섯 개의 스토어를 갖고 있는 조그만 커피 소매업체에 합류하기 위해 7만 5,000달러의 연봉과 다국적 기업의 부사장이라는 권위, 회사에서 제공하는 승용차, 무한정의 여행권 등 안정된 자리를 포기했다. 그곳에서 반짝이는 보석을 발견했기 때문이었다. 하지만 작은 커피 소매업체인 스타벅스는 그를 쉽게 받아들이지 않았다. 그가 회사를 주도적으로 변화시키는 것을 원치 않았을 뿐 아니라 그를 고용함으로써 스타벅스의 기존 문화나 가치가 흔들리지 않을까 두려워했던 것이다.

그는 거듭 "불가능합니다."라는 말을 들어야 했다. 대부분의 사람들은 직업을 구하고자 할 때 거절당하면 그냥 떠나 버린다. 하지만 그는 '다시 한 번' 그리고 '또다시 한 번'을 외치면서 마지막까지 모든 인내와 설득을 동원했다. 결국 입사할 수 있었던 그는 확실히 보통사람들과 달랐다. 짧은 기간 내에 스타벅스를 전국적인 회사로 성장시킨 것이다.

스타벅스에서 일한 지 1년 정도 되었을 때, 하워드 슐츠는 이탈리아 출장길에서 에스프레소 커피에 강한 인상을 받았다. 풍미 가득한 맛도 맛이었지만 카페의 직원들과 손님이 허물없이 이야기를 주고받으며 친하게 지내면서 커피를 판매하는 방식에 강한 인상을 받았던 것이다. 이탈리아 사람들에게 커피바는 1950년대와 1960년대의 미국 커피숍이 아닌, 앞뜰의 연장이며 가족 개념의 연장선상에 있었다. 하지만 하워드 슐츠가 근무하던 당시 미국의 커피 회사는 원두커피만을 파운드로 달아서 파는 방식의 도매회사였다. 사람들은 마치 식료품을 사듯 커피원두를 사다가 집에서 갈고 추출해 마셨다. 그는 이탈리아 에스프레소 커피에서 얻은 아이디어를 회사에 제안했다.

"멋진 생각입니다. 하지만 불가능하겠군요."

회사는 커피의 품질을 최상으로 높이는 것 이외에는 다른 어떤 것에도 관심이 없었다. 그러나 하워드 슐츠는 기회를 놓치고 싶지 않았다. 그는 자신의 사업을 시작하기로 마음먹었다. 커피원두를 팔 뿐 아니라 커피를 고객들이 카페에서 마실 수 있도록 디자인한 최초의 스타벅스 스토어가 탄생한 것이다. 하워드 슐츠는 항상 최고 품질의 신선한 원두커피를 팔아야만 한다는 원칙 이외에는 사업상의 거의 모든 것을 고치고 혁신하는 데 주저하지 않았다.

그는 그 시기를 돌아보며 이렇게 술회했다.

"나는 때가 왔다고 생각했다. 이것은 바로 나 자신을 위한 순간이다. 만약 내가 이 기회를 잡지 않는다면, 만일 내가 현재의 편안한 위치를 벗어나서 모험을 하지 않는다면, 그리고 시간을 너무 많이 흘러가게 놔둔다면, 나의 순간, 나의 기회는 그냥 지나가고 말 것이다. 이번 기회를 잡지 않는다면, '그때 그 일을 벌였더라면 지금 어떻게 되었을까?'라고 되씹으며 '왜 안 했지?' 하면서 평생 동안 후회할 것이 뻔했다. 그건 단 한 번의 기회였다. 비록 실패한다 해도 그 일을 저질러야만 했다. 나는 스타벅스를 떠나 나 자신의 회사를 출범시킬 계획을 세웠다. 당시 이탈리아에서 본, 바로 그 로맨스와 예술적 분위기, 그리고 서로 편안하게 모일 수 있는 자리를 재현하고 싶었다."

꿈을 가지는 것은 성공하는 인생으로 가는 첫 단계다. 그리고 적절한 순간이 왔다면 익숙한 것을 떠나 내면의 소리를 들을 수 있어야 한다. 나중에서야 그때가 기회였음을 뼈저리게 깨달으며 '그때 ~했었더라면' 하고 후회해 봤자 이미 떠난 버스는 돌아오지 않는다.

새롭게 변화하거나 발전할 수 있는 기회가 찾아오면 받아들이는 사람보다 거부하는 사람이 더 많다. 그 이유는 편안한 삶을 벗어나 어느 정도의 불편과 고통을 겪어야 하기 때문이다.

고통 없는 변화와 발전은 없다. 만약 기회를 받아들이지 않는다면 단기적으로는 아무런 불편함도 없을 것이다. 이는 아무런 발전이 없다는 말과 같다.

'미스터 아이스' 또는 '아이스 보그'로 불리던, 테니스를 대중에게 가장 강력하게 어필시킨 비외론 보리라는 테니스 선수가 있었다. '1970년대 후반 스웨덴의 대표적인 수출품 세 가지는 볼보 자동차, 가수 아바, 테니스 선수 보리'라는 인상적인 말이 있을 정도였다. 스포츠 선수 사상 최고의 광고 수입 기록을 연일 갱신했다는 사실만으로도 당시 그의 인기를 증명할 만하다. 테니스는 원래 점잖고 보수적인 운동이라서 운동복도 하얀색이어야만 했고 운동복에 광고를 하는 것도 엄격하게 통제되고 있었다. 때문에 보리의 옷에 글자 몇 자를 새겨 넣기 위해 업자들은 항상 줄을 서서 기다리고 있었다.

그는 겨우 스물여섯 살의 나이에 은퇴했지만, 총 62번의 대회에서 우승을 거둔 테니스계의 영웅이었다. 그의 인기는 폭발적이어서 윔블던 대회 주최 측은 인근 여학교에 공문을 보내 학생들을 좀 자제시켜 달라고 부탁할 정도였다. 록 스타도 아닌 일개 테니스 선수가 이처럼 여학생들의 인기를 끈 것은 전무후무한 일이었다. 보리 이후 남자 테니스 선수로 대중적인 인기를 끌었던 보리스 베커나 존 매캔로, 안드레 아가시가 있지만 보리의 인기와는 비교가 되지 못한다.

그렇다면 비외른 보리의 인기 비결은 무엇이었을까? 바로 멋진 성격이었다. 그는 경기가 풀리지 않아도 절대 화를 내는 법이 없었고, 욕실을 내뱉지도 않았다. 절대 입을 벌리지 않았으며 항상 무표정으로 일관했다. 그는 이기고 있을 때나 지고 있을 때나 한결같이 공에 목숨을 걸기라도 한 사람처럼 공만 쫓았다. 그는 어떤 공도 포기하지 않았다. 얼음 보리라는 별명 그대로 비외른 보리는 그저 조용히 상대 선수를 녹초로 만들었다.

처음부터 그가 원래 밀이 없던 성격은 아니었다. 열두 살 때, 클럽(테니스협회)으로부터 6개월 동안 경기를 중단하라는 처분을 받았다. 마구 소리를 질러 대고 라켓을 집어 던지는 등 행동거지가 나빴기 때문이다. 그랬던 그가 화내는 법이 없는 멋진 성격의 선수로 거듭나게 되었던 것이다. 만약 6개월 동안 경기를 중단하라는 처분을 받았을 때 '어쩔 수 없어. 이게 내 성격인걸' 하며 또다시 화를 내고 라켓을 던져 버렸다면 어떻게 되었을까? 스웨덴을 대표하는 테니스 선수 보리는 없었을 것이다. 이처럼 지금보다 더 나아지기 위해선 지금의 편안함에 안주하지 말고 적극적으로 도전해야 한다. 기회는 그런 사람을 찾아가게 마련이다.

CHAPTER

2

성공할 수밖에 없는
오뚝이 인생

01

더 큰 배움과
성장을 위해

오늘 누군가가 그늘에 앉아 쉴 수 있는 이유는
오래전에 누군가가 나무를 심었기 때문이다.

– 워런 버핏

성공한 사람들이 살아가는 방식을 보면 세 가지 공통점이 있다. 첫 번째는 분명한 목표가 있다는 것, 두 번째는 뜨거운 열정을 품고 있다는 것이며 세 번째는 열정보다 강한 인내심을 가졌다는 것이다.

대부분의 사람들이 중도에 포기하는 것은 인내심이 부족해서다. 계속 노력을 하는데도 발전이 없다고 느껴지면 그만두고 싶은 마음이 드는 것은 당연하다. 발전은 계단과 같다. 아무리 노력해도 아무런 발전이 없는 것처럼 느껴지다가 어느 순간이 되면 한 계단을 훌쩍 뛰어오르듯이 성장한 모습을 발견할 수 있기 때문이다. 물이 99℃에서는 끓지 않지만 1℃만 더 올라가면 끓는 것과 마찬가지다.

영어를 우리말처럼 잘하는 사람이 있다. 외국을 다녀온 적이 없는데도 영어를 잘하는 그에게 사람들은 "어떻게 회화공부를 하셨어요?"라고 묻는다.

"저는 언제나 집에 들어가면 CNN을 틀어 놓았어요. 차를 타고 이동할 때도 영어 방송을 켜 놔요. 10년도 훨씬 전부터 그렇게 했어요."

그렇게 했더니 어느 순간 귀가 뚫렸다고 한다. 귀가 뚫리고 나니 자연스럽게 말문도 터졌다. 말이 그렇지 10년 동안 그렇게 한다는 것이 얼마나 어려운가. 누구에게나 주저앉고 싶은 순간이 찾아온다. 죽어라 공부했는데도 성적이 전보다 떨어졌을 때, 열심히 노력하는데도 부모님이 인정해 주지 않을 때, 아무리 다가가도 내 마음을 친구가 몰라줄 때 우리는 모든 것을 뿌리치고 달아나고 싶어진다. 하지만 포기하고 싶어지는 그 앞에 성공이 기다리고 있다. 바로 한 발짝, 10센티미터만 앞으로 가면 되는데 성공의 목전에서 많은 사람들이 포기하고 만다.

"여기까지가 내 한계야. 어쩔 수 없어."

그러나 포기하고 싶어지는 순간을 이겨 내면 비약적으로 성장해 있는 자신을 발견하게 될 것이다. 일도 공부도 모두 마찬가지다.

아무리 어려운 일이라도 꾸준히 노력하면 이룰 수 있다. 지금 하고 있는 공부나 일이 무모한 깃처럼 보이거나 너무 이렵다는 생각이 들어도 끝까지 인내하고 최선을 다하면 반드시 이룰 수 있다. 그래서 성공한 사람들은 "성실한 사람이 되어야 한다."라고 말한다. 흔히 성실한 사람이라고 하면 결석이나 지각, 조퇴 없이 시간을 잘 지키는 사람, 정해진 시간 안에 일이나 숙제 등을 맞춰 해내는 사람 등 규범을 잘 지키는 사람 정도를 떠올리기 쉽다. 하지만 '성실'이란 단어의 밑바탕에는 더 깊은 뜻이 있다. 누가 알아주든지 말든지 자신의 인생, 자신의 일에 대해 노력하고 인내하며 최선을 다하는 자세가 깔려 있는 것이다.

쌀이 없어서 5일 동안 맹물을 마시며 허기를 달랬다는 가수 비(정지훈)의 이야기를 들어 본 적이 있을 것이다. 비는 실력이 부족해서가 아니라 눈에 쌍꺼풀이 없고 잘생기지 않았다는 이유로 열여덟 번이나 오디션에서 떨어졌다. 하지만 매 순간 죽을힘을 다해 춤을 추며 오디션을 찾아다녔다. 그는 어머니의 병원비와 자신만 바라보고 있는 여동생을 책임져야 하는 절박한 상황에 처해 있었다.

어느 날, 비는 한 번도 쉬지 않고 5시간 동안 계속해서 춤을 췄다. 그 모습을 지켜봤던 프로듀서 박진영은 훗날 그때 일을 기억하며 이렇게 말했다.

"그 애 눈에서 배고픔과 절박함이 보였어요. 실력보다 열정이 보였지요. '아, 이 아이는 이거 아니면 죽겠구나' 그런 생각이 들었어요."

비는 가수로서 활동하게 된 뒤에도 지독한 노력을 멈추지 않았다. 그러던 어느 날 박진영이 비의 집에 갔다가 방 여기저기에 붙어 있는 포스트잇을 보고 울어 버렸다고 한다. 포스트잇에는 박진영이 지적했던 말들이 가득 쓰여 있었기 때문이다. 박진영은 그동안 비가 야단을 쳐도 반응이 없기에 '내 말을 듣긴 한 걸까'라고 생각해 왔는데 비는 그가 했던 말들을 새겨듣고 고치려고 무던히도 노력하고 있었던 것이다. 그것을 본 순간 박진영의 머릿속에서는 '이 아이는 무슨 일을 해도 성공하겠구나'라는 생각이 맴돌았다고 한다. 그의 노력과 열정은 그를 할리우드로 향하게 만들었다. 비는 2007년 미국의 〈타임〉지가 뽑은 '세계의 가장 영향력 있는 인물'에 선정되기도 했다.

비에게는 너무도 많은 수식어와 찬사가 따르지만 뭐니 뭐니 해도 비의 첫 번째 매력은 성실함이다. 비를 만났던 사람들은 그의 끊임없는 노력과 겸손한 자세에 대해 칭찬을 아끼지 않았다. 스타가 된 뒤에도 불안한 마음을 없애기 위해 매일같이 네다섯 시간 연습을 할 정도다.

"끝없이 노력하고, 끝없이 인내하고, 끝없이 겸손하자."

비의 좌우명이다. 아시아를 넘어 세계적인 스타가 되었지만 존경받을 만한 사람이 되기 위해서는 먼저 다른 사람을 존경해야 하고 실력을 떠나 예의가 없으면 인정받을 수 없다고 말한다. 그런 그의 겸손한 마음과 최선을 다하는 태도가 그를 지금의 월드스타로 만든 것이다.

학생들에게 가장 중요한 것은 공부다. 따라서 지금 자신이 해야 할 본업이 무엇인지 깨닫고 왜 공부를 해야 하는지, 어떻게 하는 것이 가장 효율적인 공부인지 스스로 고민해야 한다.

공부란 철저하게 자신을 위한 것이어야 한다. 그럼에도 남에게 보여 주기 위한 공부를 하는 학생이 많다. 그런 학생일수록 장애물이나 어려움을 만나면 더 빨리 포기하고 더 자주 주저앉고 만다. 좋은 점수를 맞아 성적을 올리고 좋은 대학을 가고자 하는 것이 누구에게 보여 주기 위한 것이 아닌, 본인 자신을 위한 것일 때 진정한 실력이 붙고 공부하는 즐거움도 함께 깨달을 수 있다.

이미 진로를 공부가 아닌 운동, 기술, 악기 연주로 정했더라도 마찬가지다. 현재 자신의 위치에서 주어진 일을 즐거운 마음으로 하면 된다. 당장 실력이 느는 것이 눈에 보이지 않는다고 해서 게으름을 피워서는 안 된다.

인내심이 부족한 사람일수록 '열심히 할 거야', '최선을 다해야지'와 같은 애매모호한 말을 즐겨 사용한다. 하지만 성실하게 노력하는 사람은 결코 두루뭉술하지 않다. '2개월 안에 수학 성적을 10점 올리겠다'와 같이 목표를 명확히 정한다. 그리고 그것을 실천하기 위해 '매일 아침 한 시간 일찍 일어나 수학 문제를 푼다', '점심시간을 이용해 꼭 5문제씩 푼다' 등 하루 단위로 쪼개어 계획을 세우고 철저하게 지켜 나간다.

여러분 중 누군가는 지금 이렇게 마음먹을 것이다.

'그래, 내일부턴 나도 그렇게 해야지'

왜 내일부터인가? 노력하고 인내하는 사람은 결코 오늘 해야 할 일을 내일로 미루지 않는다. 그리고 그들은 바로 행동한다. 여러분도 지금 당장 행동으로 옮기길 바란다.

02

한 가지 일을 진득하게 하며 전문성을 키운다

우리가 끈기를 가지고 하는 일이 쉬워지는 것은,
그 일 자체가 쉬워져서가 아니라,
그 일을 수행하는 우리의 능력이 향상되었기 때문이다.

– 랄프 월도 에머슨

2005년, 영국의 팝 가수 엘튼 존은 소나무 사진을 1만 5,000파운드, 우리나라 돈으로 약 2억 8,000만 원에 사들였다. 엘튼 존은 '이것은 바로 나를 위한 작품'이라고 극찬했다. 이 일로 소나무 작가 배병우는 한국을 넘어 세계적으로 인정받는 사람이 되었다. 그의 작품 가격은 계속 올라 2006년 홍콩 크리스티 경매에서는 두 점으로 이뤄진 작품이 1억 3,000만 원에 팔렸고, 2007년 영국의 필립스 경매에서는 한 점이 1억 6,000만 원에 팔렸다.

그는 24년 동안 소나무만 찍었다. 남들이 광고사진이나 웨딩사진으로 돈을 벌고 있을 때, 전혀 돈이 되지 않는 소나무만을 죽어라 찍었다. 결코 특별한 소재도 아닌 소나무를 찍는 이유는 무엇이었을까?

"처음에는 바다 사진으로 시작했다. 그런데 한국인의 정체성이 궁금해졌다. 내가 뭐지? 우리가 뭐지? 하다가 자연스럽게 소나무로 관심이 옮겨 갔다. 그게 굳어서 20년이 넘었다."

그는 여수 고향집 뒤의 무성한 소나무를 보고 자랐다. 산에 오르면 저 앞에 바다가 보였다. 또 그는 어릴 적 그림 그리기를 좋아했다. 고향집의 정서와 그림 재주가 배병우를 이 시대의 가장 서정적인 사진작가로 만들었다.

그는 홍익대 응용미술학과를 나왔다. 대학 1학년 때, 서울대 미대를 나온 동네 형님이 사진을 권했는데 그때부터 전공인 디자인은 뒷전이었다고 한다. '대한민국에서 디자인을 배우고 나처럼 디자인을 안 해 본 사람은 없을 거다'라고 말할 정도로 사진에만 열중했다. 사진은 배고픈 직업이었다. 그는 남의 그림, 남의 조각 작품, 남의 집 사진을 찍어 주고 닥치는 대로 벌어서 사진에만 투자했다. 그렇게 대학원을 졸업하고, 군대를 갔다 와 25세에 서울예대 사진과 창설 멤버가 되었다. 그 후로도 계속 한 우물만 파더니 결국 세계적인 작가가 된 것이다.

자동차가 집인 사람이 있었다. 멋진 캠핑카가 아닌 고물 자동차 말이다. 햄버거 하나로 세 끼를 해결해야 할 정도로 그의 집은 가난했다. 가족들과 함께 노숙자와 다름없는 삶을 살았다. 부모는 그에게 변변한 교육조차 제대로 시킬 수 없었다. 혼자 있는 시간이 많았던 그는 거울 앞에 앉아 얼굴 표정을 이렇게 저렇게 지어 가며 혼자 노는 법을 익혔다. 재미있는 표정, 익살맞은 표정들을 지어 가며 웃는 과정에서 배우의 꿈을 키웠다. 아마 이쯤에서 그가 누구인지 눈치 챘을 것이다. 바로 짐 캐리다.

배우의 길은 멀고 힘했다. 우여곡절 끝에 영화배우가 되었지만 지독한 가난은 끝이 보이지 않았다. 오랜 무명 시절을 보내던 그는 절박했다. 배우는 곧 생존이 걸린 문제였다. 그는 할리우드가 훤히 보이는 언덕으로 올라갔다. 그리고 소리쳤다.

"나는 훌륭한 배우다! 많은 사람들이 내게 출연 제의를 했지만 아직 듣지 못했을 뿐이다!"

그리고 그는 자기 자신에게 수표 한 장을 끊어 주었다.

'짐 캐리 출연료 1,000만 달러'

지급 일자는 5년 뒤인 1995년으로 기록했다. 짐 캐리는 그 수표를 소중히 간직했다. 그리고 5년 후, 정말 기적이 일어났다. 〈마스크〉, 〈에이스 벤추라〉 등의 성공으로 1,000만 달러가 훨씬 넘는 출연료를 받게 된 것이다. 그는 영화계의 흥행수표 반열에 올랐다.

우리는 간절히 원하는 것, 꼭 이루고 싶은 것을 종이에 적어야 한다. 생각으로 그치지 않고 기록으로 남기는 힘은 무척 크다. 물론 무조건 적는다고 해서 이루어지는 것은 아니다. 매일 그 간절한 내용을 눈으로 확인하며 노력을 멈추지 않아야 한다. 짐 캐리는 1,000만 달러의 꿈을 현실로 이루기 위해 끊임없이 노력했다.

모든 꿈은 시련을 맞는다. 산 정상에 올라 하늘과 가까이 하고, 넓게 펼쳐진 아름다운 풍경을 보고 싶다면 험난한 산길을 올라가는 과정을 감내해야만 한다. 그 과정에서 숨이 턱턱 막힐 수도 있고 다리가 아픈 고통이 따를지도 모른다. 높은 산일수록 그 과정은 험난하게 마련이다. 만약 도중에 포기한다면 아름다운 풍경은 사진에서만 볼 수 있을 뿐 그 벅차오르는 감정은 경험하지 못한다. 인생에서도 마찬가지다. 꿈이라는 정상에 오르기 위해서는 산길을 따라 오르듯 한길을 꾸준히 고수해야 한다.

소매상으로 시작해 세계 제1의 기업이 된 월마트의 창시자 샘 월튼이 있다. 샘 월튼은 사업을 구상하던 중 미국 내의 대규모 유통업체들이 대도시에만 몰려 있다는 것에 착안해 인구 5,000명 이하의 마을을 유통업체 대상으로 선정하고, 원가를 낮추기 위해 창고형 매장을 만들었다. 그리고 생산자들로부터 아주 싼 가격에 물건을 공급받아 미국 내에서 가장 싼 가격으로 팔기 시작했다. 그는 '항상 소비자의 편에 선다'는 원칙을 정하고 '낮은 가격', '지속적인 매장관리', '친절한 종업원'이라는 세 가지 마케팅 전략을 내세웠다. 낮은 가격으로 소비자를 불러들이고, 어떤 상품이라도 소비자가 원하는 때 구입할 수 있도록 하며, 거기다 친절하고 전문적인 서비스, 원활한 주차시설이 제공된다면 소비자가 원하는 모든 것을 줄 수 있다고 확신했다. 1962년 미국 아칸소 주의 인구 5,000명도 안 되는 소도시 로저스에서 소매점으로 시작한 월마트는 40년 만인 2001년 총 매출액 2,200만 달러에 이르는 세계 제1위의 기업이 되었다.

월마트는 중소도시의 한적한 외곽 지역에 자리를 잡고 있었기 때문에 대부분의 미국인들에게 인지도가 낮았다. 하지만 월튼은 광고를 통해 인지도를 높이려는 노력 따위는 하지 않았다. 대신 본사와 각 점포를 연결하는 컴퓨터 시스템과 트럭, 그리고 유통센터를 건설하는 데 투자를 집중해 유통센터 중심으로 점포를 늘려 나갔다. 결과적으로 물류가 활발해져 땅값이 비싼 대도시에서도 물건을 싸게 팔 수 있게 되었다. 그리고 사람들이 시내 중심의 교통체증을 피해 점차 교외로 빠져나갔기 때문에 월마트는 미국 서민들이 가장 즐겨 찾는 소매업체로 자리 잡을 수 있었다.

샘 월튼은 오직 할인 판매에 모든 것을 걸었다. 마침내 월마트는 K마트와의 30년 경쟁에서 주도권을 잡았다. 그가 만약 월마트가 어느 정도 성공했을 때, 그리고 땅값이 비싼 곳으로 매장을 진출시켰을 때 이 원칙을 고수하지 않았다면 그 당시 거대기업이었던 K마트를 따라잡지 못했을지도 모른다.

세계 최고의 부자이며 세계 최고의 자선가인 록펠러의 성공 요인 중 하나는 '자기 분야를 끝까지 파고든다'는 것이다. 그는 석유사업을 시작한 뒤 오로지 석유만 생각했다. 성공한 이후에도 주식 투자 이외에는 석유와 관련되지 않은 사업은 피했다.

자기 분야를 끝까지 파고들어 성공하는 것. 이것은 비즈니스 세계에서만 있는 일이 아니다. 만화작가의 꿈을 안고 살던 월트 디즈니는 자신의 그림을 들고 출판사를 찾아다녔지만 계속 푸대접을 받아야 했다. 그는 월세조차 제때 내지 못해 길거리로 쫓겨나기도 했다. 끼니를 걱정해야 하고, 공원에 움막을 치고 살면서도 만화 그리기를 멈추지 않았다.

비전을 갖고 그것을 이루기 위해 노력하고 마침내 성취하는 사람들은 장애물이 나타나면 더 큰 성공을 이룰 수 있는 기회로 여기고 즐겁게 받아들였다. 그들은 장애물에 부닥쳤을 때, 그것을 극복함으로써 자신의 참모습을 더욱 발전시키는 계기로 삼았다. 만약 실패하더라도 좌절하는 대신 어려움에 대처하는 방법을 깨닫는 기회로 여긴 것이다.

어려움이 많으면 많을수록, 장애물이 크면 클수록 더욱 크게 성장한다는 사실을 잊지 말자. 한 번 장애물을 뛰어넘기가 어려울 뿐 그다음은 하나하나씩 극복해 가며 그 과정에서 성취감을 느끼게 된다. 그럼으로써 비로소 성공과 꿈에 몰입하게 되는 것이다.

간혹 자신이 잘하지 못하는 분야에 대부분의 시간을 할애하는 친구들이 있다. 자신의 단점을 보완하려는 시도를 하면 할수록 점점 더 약해질 뿐이다. 그와 반대로 여러분이 강점을 계속 키워 나간다면, 사람들은 여러분에게 어떤 약점이 있었는지조차 모르게 된다. 한 가지 일에 몰두해 전문성을 키워 나갈 수 있어야 한다는 뜻이다.

영국의 비평가 힐레어 벨록은 작가의 꿈을 품은 한 젊은이에게 다음과 같이 충고했다.

"한 가지 주제를 물고 늘어져라. 그가 스무 살 때 지렁이에 대해 쓰고 싶어 한다면 그렇게 하도록 두라. 40년 동안 지렁이 이외에 다른 글은 쓰지 않아도 간섭하지 마라. 그가 예순 살이 되면, 이 세상에서 가장 권위 있는 지렁이의 대가 집 앞에 순례자들이 모여들어 무릎을 꿇을 것이다. 그들은 문을 두드리며 지렁이의 대가를 알현하게 해 달라고 사정할 것이다."

여기저기 기웃거리기만 하다가는 인생의 황금기를 헛되이 보내게 된다. 지금 자신이 정말 하고 싶은 일이 무엇인지 찾아내어 준비해야 한다. 지금 여러분은 예순 살이 될 때까지 몰두하고 싶은 꿈을 가지고 있는가?

오뚝이는 언제나 툭툭 털고 일어난다

사람들은 생각이 아니라 행동에 의해서 살아간다.

– 아나톨 프랑스

'오뚝이'란 별명으로 불리는 사람이 있다. 평생 동안 전면에 나서거나 공식적인 자리에 오래 앉지 않았고, 죽을 때까지 대권을 쥐어 본 적도 없지만 최고 실력자로 추앙받는 인물. 그는 바로 덩샤오핑(등소평)이다. 덩샤오핑은 중국의 성장에 가장 큰 영향을 끼친 사람으로 평가되고 있다.

덩샤오핑은 마오쩌둥(모택동)과 함께 공산당에 가입해 지도적인 정치가, 군사 조직가가 되어 격렬한 투쟁을 벌였다. 하지만 1930년대 초, 마오쩌둥이 권력의 핵심에서 밀려났을 때 덩샤오

평도 함께 직위에서 해임되었다. 그는 모든 직책을 박탈당했다. 이것이 그의 최초의 정치적 패배였다. 그러나 덩샤오핑은 좌절하지 않고, 다시 마오쩌둥과 함께 핵심 요직에 들어갔다. 그는 중국 대륙에서 공산당이 패권을 차지한 뒤인 1952년 총리가 되었다. 1954년에 중국공산당 총서기, 1955년에는 정치국 위원이 되면서 중요한 정책 경쟁자로 부상했으나 마오쩌둥을 추종하는 급진파가 일으킨 문화대혁명 과정에서 공격을 받고 일체의 직위를 박탈당했다. 이때 큰아들이 심문을 받다가 추락해 하반신이 마비되는 아픔을 겪기도 했다. 그것이 두 번째 좌절이었다.

1973년에 덩샤오핑은 저우언라이의 후원으로 정치 일선에 복귀하지만 다시 마오쩌둥 추종자들에 의해 세 번째 좌절을 겪었다. 하지만 그는 시련을 극복하고 다시 일어섰다. 마오쩌둥이 사망하자 덩샤오핑은 복권되었고, 권력을 잡은 뒤 본격적으로 개혁과 개방을 단행했다. 덩샤오핑은 93세의 나이로 세상을 떠날 때까지 계속 파란만장한 삶을 살았다. 그의 인생은 쓰러질 줄 모르는 오뚝이와 같았다. 그래서 사람들은 그에게 오뚝이란 별명을 붙여 주었다.

오뚝이의 힘은 딱 한 가지밖에 없다. 아무렇게나 굴리고 넘어뜨려도, 또 아무리 오래 누르고 밟아도 다시 일어선다. 쓰러질 때마다 바로 일어선다. 이 세상에 오뚝이를 쓰러뜨릴 수 있는 것은 아무것도 없다.

오뚝이 인생에 대한 백 마디의 말보다 설득력이 있는 한 사람을 소개하겠다. 그의 이름은 '폴 포츠'로, 평범한 사람들을 스타로 데뷔시켜 온 영국의 노래경연대회 〈브리튼스 갓 탤런트〉에서 환상적인 노래 실력으로 우승을 거머쥐면서 세계적인 성공을 거둔 사람이다. 사람들은 휴대전화 판매원이 세계적인 오페라 가수가 되었다고만 기억한다. 하지만 그의 파란만장한 삶은 오뚝이를 떠올리게 한다.

남루한 정장에 불룩하게 튀어나온 배, 부러진 앞니, 자신감 없어 보이는 표정은 보는 사람마저 김새게 만들 정도로 형편없었지만 그가 푸치니의 오페라 〈투란도트〉의 아리아 '공주는 잠 못 이루고'를 부르기 시작하자 울림이 깊은 감성적인 목소리가 무대를 가득 채워 나갔다. 심드렁하게 앉아 있던 심사위원들이 자세를 고쳐 앉았고, 관객석이 술렁거리기 시작했다. 노래의 중반에서 고음으로 올라갈수록 객석에서는 놀라움에 박수와 탄성이 쏟아졌다. 심사위원들은 믿을 수 없다는 표정으로 그를 바라보았다. 급기야 곡의 마지막 하이라이트 부분에서 폴이 안정적인 바이브레이션 창법으로 고음을 내뿜자, 관객들은 자리에서 일제히 일어나 기립박수를 치며 열광했다. 스타가 탄생하는 극적인 순간이었다.

폴 포츠는 이어진 준결승에서 '타임 투 세이 굿바이'(Time To Say Goodbye)를 불러 가볍게 결승전에 진출했다. 그 후 결승에서는 다시 '공주는 잠 못 이루고'를 불렀다. 마침내 그는 〈브리튼스 갓 탤런트〉의 우승자가 되었고, 10만 파운드(한화 약 1억 8,000만 원)의 상금을 수여받았다. 뿐만 아니라 영국 여왕 엘리자베스 2세를 위한 '2007 로열 버라이어티 퍼포먼스' 출연 기회도 얻었다.

그는 열한 살 무렵부터 클래식 음악을 듣기 시작했고 차이코프스키, 드보르작, 브람스, 푸치니 등 유명한 음악가들의 음악을 접하면서 클래식 음악의 매력에 빠져들었다. 그 후로 오페라를 접하게 되었다.

그는 열네 살 되던 해 학교 합창단 연습을 위해 뛰어가던 중 건축자재에 크게 부딪쳐 앞니가 깨졌고 치골까지 크게 흔들리게 되었다. 가난한 형편에 제대로 된 치료를 받을 수 없어 그대로 방치한 치골은 더욱 이상하게 발달했고, 이런 폴의 모습에 친구들은 프랑켄슈타인이라고 놀리곤 했다. 그로부터 4년 후 폴은 교통사고를 당해 척추뼈를 다쳤고 이 때문에 제대로 시험을 치를 수가 없어 1년 동안 학교를 더 다닌 뒤에야 졸업할 수 있었다. 폴 포츠는 대학을 졸업하고 화이트칼라 직업을 갖기를 원했으나 그를 받아 주는 곳이 없어 할인점에서 엄마의 일을 도왔다. 그의 나이 스물여덟 살 되던 해, 가라오케 노래자랑에서 루치아노 파바로티의 복장을 하고 처음으로 대중들 앞에서 노래를 불렀다. 이후 TV 프로그램 〈My Kind of Music〉에 친구와 같이 나가서 1등을 했고 우승상금으로 받은 1만 6,000파운드를 반으로 나누어 8,000파운드라는 큰돈을 처음으로 만져 보게 되었다. 그는 그 돈과 그동안 모았던 돈을 합쳐 2001년과 2002년 여름, 두 번에 걸쳐 오페라 레슨으로 유명한 이탈리아 북부지방의 오페라 스쿨에서 계절 학기를 들었다. 이때 노래 창법의 기본을 형성하게 되었고 오페라를 향한 정열과 꿈을 본격적으로 키워 나가게 되었다. 고급과정으로 진급해서 더 많은 노래 훈련을 쌓고 싶었지만 학비가 없어서 다시 웨일스로 돌아왔다.

2003년 폴 포츠는 맹장염에 걸려 병원에 입원해 맹장 제거 수술을 받았지만 퇴원한 지 얼마 후 또다시 신장에서 악성종양이 발견되어 병원에 입원하게 되었다. 의사는 즉각적인 수술을 권유했지만 폴은 어렵게 잡은 오페라 배역(베르디의 작품 '아이다')을 놓치기 싫어 수술 일정을 미루어 가며 오페라의 배역을 소화해 냈다.

못생긴 외모에 어눌한 말투, 악성종양, 교통사고 후유증, 카드 빚 등 여러 악조건으로 매일매일이 그에겐 큰 스트레스였으며 사고와 불행이 끊이지 않았다. 그러나 그런 상황에서도 오페라 가수라는 꿈을 결코 포기하지 않았다. 그의 마음속에는 언제나 음악을 향한 열정이 숨 쉬고 있었기 때문이다. 따돌림과 차별이라는 현실 속에서 노래와 음악만이 그의 돌파구였고, 외부 환경이 더욱 그를 힘들게 짓누를수록 자신만의 음악세계를 더욱 두텁게 다져 나갔다.

결국 그는 노력의 성과로 지구상에서 가장 행복한 사람이 되었다. 지독한 가난에서 벗어나 경제적 자유를 누리게 되었고 세계적으로 성공한 인물이 되었다. 그리고 가장 중요한 사실, 그의 꿈대로 인정받는 오페라 가수가 되었다. 불행이 닥칠 때마다 오뚝이처럼 일어나 노래를 부른 결과다.

두더지 게임을 해 본 적이 있을 것이다. 구멍에서 두더지가 튀어나오면 큰 망치로 두더지를 두들겨 때리는 게임 말이다. 때리는 속도가 빠르면 빠를수록 두더지는 더 빨리 튀어나온다. 사람들도 이 두더지와 같은 사람들이 많다. 성공한 많은 사람들이 그런 사람들이다. 이들은 좌절하더라도 금세 잊어버리고 다시 도전하는 회복력이 강하다. 망치로 두들겨 맞아도 언제 그랬냐는 듯이 튀어나오는 두더지처럼.

　실패는 누구나 흔히, 자주 겪는 일이기에 인생에서 치명적인 일이 아니다. 다만 중요한 것은 몇 번 실패를 했느냐가 아니라 실패할 때마다 얼마나 빨리 일어나느냐다. 인생에서 험난한 상황이 닥쳤을 때, 그 위기를 가장 현명하고 빠르게 극복할 수 있는 방법은 다름 아닌 그저 일어서는 것이다. 툭툭 털고 오뚝이처럼 계속 일어서는 것이다. 앞으로 닥칠 위험을 두려워하지 않고, 목표를 위해 그 두려움을 감수하다 보면, 자신 안에 숨어 있던 더 큰 힘을 깨달을 수 있을 것이다.

의미를 발견하면
마음가짐이 달라진다

성공의 개념은 사람마다 다르다.

"돈을 많이 버는 것이 성공하는 것이다."

"하고 싶은 것 다 하고, 갖고 싶은 것 다 갖고, 가고 싶은 곳 다 가고, 먹고 싶은 것 다 먹는 것이 성공이다."

"성공이 뭐 별건가. 건강하고 행복한 마음으로 사는 것이지."

"누구든 부러워하는 자리에 오르는 것."

종합해 보면 보편적으로 훌륭하고 긍정적인 것들을 의미한다. 좋은 집, 휴가, 여행, 재정적 안정, 감탄과 존경의 대상이 되는 것을 의미한다. 그리고 또 하나 성공은 자유를 의미한다. 즉, 근심이나 걱정, 불안, 두려움, 실패, 좌절로부터 해방되어 편안하고 행복한 삶을 사는 것이다. 어쨌든 성공, 성취는 우리 삶의 목적이다. 우리는 누구나 성공을 원한다. 삶이 우리에게 줄 수 있는 최고의 것을 기대한다. 그 이떤 사람도 지루하고 힘든 인생을 원하지 않는다. 비록 입으로는 그렇게밖에 살 수 없다고 얘기하는 사람마저도 마음속 깊은 곳에는 2류 인생으로 살고 싶지 않다는 소망이 자리하고 있다.

그러나 단순하게 소망하는 것만으로는 결코 성공할 수 없다. 막연하게 소망한다고 해서 이느 날 근사한 정원이 딸린 으리으리한 저택이 생기는 것이 아니며, 갑자기 회사 중역이 되는 것도 아니다. 하지만 진정으로 믿음을 가진다면 성공할 수 있다. 그리고 그 믿음은 신념에서 나온다. '난 꼭 어떤 사람이 되겠어!'라고 다짐한다면 '어떻게 해낼 것인가'란 방법은 자연히 개발되는 것이다.

'자동차 왕' 헨리 포드를 일컬어 산업혁명을 완성하고 새로운 산업 생산방식의 청사진을 제시한 사람이라고 평가한다. 1913년 미국 미시간 주에 건설된 포드 자동차 공장에서 최초로 가동된 생산라인은 자동차 생산에 혁명을 몰고 왔다. 생산시간은 10분의 1로 단축되었고, 자동차 가격은 3분의 1로 떨어졌다. 자동차의 대량공급은 인류 사회를 전반적으로 변화시켰다.

'포드 자동차 회사'를 설립하고 본격적인 생산에 들어가면서 포드는 중대한 결심을 했다.

"내 목적은 대중을 위한 자동차 회사를 만드는 것이다. 성실하게 일하는 사람이라면 누구라도 살 수 있는 저렴한 가격의 자동차를 만들어서 집집마다 자동차를 소유하게 할 것이다."

그는 도축장을 지나다가 도축된 고기들이 컨베이어 벨트를 타고 운반되는 것을 보고는 무릎을 쳤다. 그는 즉시 자동차 공장에 컨베이어 벨트를 설치해 분업식 조립 라인을 만들었다. 노동자들은 분업식 라인에 배치되어 엔진, 바퀴, 차체, 창틀을 조립했으며 컨베이어 벨트의 끝에서는 자동차가 완성되었다. 이 생산방식의 도입은 당시 엄청난 반향을 불러일으켰다.

헨리 포드는 어려서부터 자동차를 만들겠다는 꿈을 키웠다. 그 꿈은 어머니의 안타까운 죽음에서 비롯되었다. 포드는 미시간 주 디어본에서 가난한 농부의 아들로 태어났다. 그가 열두 살이었을 때, 어머니가 갑자기 혼수상태에 빠졌다. 포드는 먼 거리를 숨차게 달려가서 의사를 모셔왔다. 그러나 어머니는 의사가 도착하기도 전에 숨을 거두었다. 어린 포드는 어머니가 돌아가시기 전에 의사를 데려오지 못한 것이 가슴 아팠다. 그때 그는 다짐했다.

'기차처럼 빠르고, 말처럼 아무 데나 달릴 수 있는 차를 만들겠어!'

그 결심은 포드에게 오랜 연구와 실험을 거듭하게 만들어 주는 힘이 되었다.

이번에는 컴퓨터의 황제라 불리는 빌 게이츠의 예를 들어보자. 고등학생이던 빌 게이츠는 친구인 폴 앨런에게 이렇게 말했다.

"앞으로는 집집마다 컴퓨터가 놓이는 시대가 올 거야. 내 말이 틀림없어."

빌 게이츠는 고등학교 시절 컴퓨터 프로그램을 만드는 아르바이트를 하면서 앞으로 그런 시대가 도래할 것이라고 예견했다. 그리고 자신이 그 기회를 잡기로 결심했다. 그러고는 폴 앨런과 함께 나이 20세 때 마이크로소프트사를 창업했다.

현재 빌 게이츠는 세계 제일의 부자이며 기부를 많이 하는 사람이다. 자신이 가진 재산의 절반인 엄청난 돈을 저개발 국가 어린이의 교육과 난치병 연구 등을 위한 프로그램에 기부했다. 그는 "성공을 거둔 기업가는 부(富)를 사회에 돌리고, 또 세계의 불평등을 개선할 수 있는 길을 찾아야 한다."라고 말하며 기업인의 사회공헌 의무를 강조한다.

앞에서 자신의 꿈을 믿고 비전을 실현시킨 '스타벅스'의 하워드 슐츠 회장의 이야기를 한 바 있다. 그는 스타벅스의 미래를 보고 높은 월급을 받던 직장을 그만두고 조그만 커피 소매업체에 합류했다. 그는 큰 꿈을 꿀 수 있는 용기가 있었고, 의지를 갖고 그 꿈을 현실로 만들었다. 개인적인 성공 이외에도 기업의 리더들에게 보다 높은 목적을 추구하도록 영감을 불어넣은 사람이기도 하다.

그는 말한다.

"성공의 결승점에 혼자만 도달한다면, 그 성공은 공허한 것이다. 최고의 성공은 승리자들에게 둘러싸여 그곳에 함께 도달하는 것이다. 그들이 사원이든, 고객이든, 주주든, 보다 더 많은 사람들과 함께할수록 그 승리는 더욱 값지다."

스타벅스는 빈 스톡이라는 스톡옵션으로 대표되는 사원복지로 유명하다. 2005년 미국 경제지 〈포춘〉지에 '세계 10대 최고의 직장' 중 하나로 꼽힐 정도로 회사가 성장할 때 직원들도 같이 성장해야 한다는 의식을 가지고 있다. 하워드 슐츠의 이러한 생각은 어린 시절 그의 아버지와 밀접한 관계가 있다.

하워드 슐츠는 어린 시절, 아버지가 훨씬 더 많은 것을 이루었을 수도 있었을 것이라고 생각하면서 아버지의 무책임과 비참한 현실에 화를 냈다. 아버지는 저축도 연금도 없었다. 그러나 그보다 슐츠를 가슴 아프게 했던 것은 아버지가 자신의 직업에 대해 아무런 긍지도 만족감도 느끼지 못하고 불만에 가득 찬 생활을 한다는 것이었다. 직장에서 다리를 다쳤는데도 의료보험이나 보상을 받지 못하는 것을 보며 육체노동자로서 아버지가 일터에서 어떤 대접을 받고 있는가를 깊이 생각했다. 오랜 세월이 흐른 뒤에도 그는 다리에 붕대를 감고 세상에서 버려진 채 구부정하게 의자에 앉아 있던 아버지의 모습을 잊지 못했다. 그래서 슐츠는 자신의 회사에서 근무하는 파트타임 종사지를 포함한 모든 직원에게 의료보험 혜택은 물론 이윤을 나눠 주겠다는 방침을 세웠다.

직원들을 의욕적으로 만들고 마치 자기 일을 하듯 일하게 하는 능력은 그들이 실제로 일과 회사의 일부가 되었다고 느낄 때 발휘된다는 것을 어린 시절 아버지를 통해 깨달은 것이다. 그는 회사와 직원, 모든 사람이 성공하는 회사를 꿈꾸었고 결국 그들과 성공을 나누었다.

위대한 성공을 원한다면 위대한 꿈을 꾸어야 한다. 물론 꿈을 성취하는 일은 견디기 힘든 고문처럼 고통스럽다. 하지만 힘들수록 정상에 섰을 때 성공의 가치와 자부심은 더욱 클 것이다.

여러분은 날마다 똑같이 책상 앞에 앉아 공부한다. 그리고 자신이 원하는 대학을 가고, 원하는 일을 할 수 있기를 소망한다. 하지만 여러분 중 대다수는 자신이 최고가 되리라는 믿음을 갖고 있지 않다. 자신이 그렇게 높이 올라갈 수 있을 것이라고 믿지 않기 때문에 높은 곳으로 올라가는 계단을 발견하지 못하고 있다. 행동이 달라져야 함을 깨닫지 못하는 것이다.

인생이란 순간순간 즐거움을 누리며 현재만을 위해 살 것이냐, 아니면 미래에 받게 될 보상을 위해서 열심히 노력하며 살 것이냐의 사이에서 벌어지는 거래와도 같다. TV를 보는 대신에 공부하는 것을 선택한다면 좋은 성적이라는 더 큰 보상을 받게 된다.

내가 무엇을 원하고 왜 원하는지를 안다면 그 작은 하나가 우리의 인생을 확 바꿀 수 있는 계기가 된다. 그저 성적을 올려야겠다고 마음먹기보다 성적을 향상시켜야 하는 분명한 이유를 발견한다면 공부는 결코 힘들지 않은 작업이 된다. 간섭이나 지시를 받으며 다른 사람들에게 구속당하지 않아도 되는 인생을 살 수 있게 되는 것이다.

자, 지금부터라도 무엇이 될 것인가, 어떤 사람이 될 것인가를 정하고 "나는 할 수 있다!"라고 외쳐 보자. 분명 그다음엔 '어떻게 해낼 것인가'가 떠오르게 될 것이다.

05

독한 마음 없이는
절대 성공할 수 없다

> 인생에서 실패한 사람 중 다수는
> 성공을 목전에 두고도 모른 채 포기한 이들이다.
>
> – 토머스 A. 에디슨

"나의 한계는 여기까지야."

한계는 어떤 일을 하면서 포기하거나 불가능하다고 선을 그어 버리는 것을 말한다. 한계란 누가 정해 준 것이 아니라 자신이 정하는 것이다. 그리고 그 한계를 뛰어넘는 것도 바로 자신이다.

국민타자로 불리는 이승엽은 대학 때까지 타자가 아니라 투수로 활동했었다. 투수가 꿈이었던 그는 삼성 라이온스에 투수로 입단했다. 하지만 허리에 부상을 입었고 게다가 팔에 이상까지 생겨 수술을 받는 바람에 투수로서의 생명이 위태해졌다. 그는 할 수 없이 타자로 전향했다. 한번 타석에 들어가면 나오지 않는 것으로 유명할 정도로 죽을힘을 다해 연습했다.

2003년 이승엽은 실력을 인정받아 일본 지바 롯데 마린스에 스카우트되었다. 이미 실력을 인정받고 있는 선수였음에도 그의 연습량은 줄어들지 않았다. 이적 후 초반에는 부진한 모습을 보였던 이승엽은 끊임없이 노력한 결과 2005년 지바 롯데를 일본 챔피언으로 이끌고, 우수 선수상까지 받았다. 롯데 마린스와의 계약이 끝난 뒤 2006년 요미우리 자이언츠에 입단해서도 얼마나 지독하게 연습을 하는지 하라 감독은 그에게 휴식을 지시할 정도였다. 요미우리 자이언츠 팀의 하라 감독은 이승엽을 무척 신뢰한다. 그 이유는 야구에 대한 이승엽 선수의 진지한 자세와 성실함을 알기 때문이다. 모친상을 당하고도 훈련을 게을리하지 않았던 이승엽의 자세를 높이 평가했던 것이다.

투수로 입단한 이승엽 선수가 팔에 이상이 생긴 뒤 야구를 그만두었다면 오늘날의 홈런 왕 이승엽은 없었을 것이다. 그는 시련을 오히려 기회로 삼아 마음을 독하게 먹고 죽을힘을 다해 연습했다. 그 결과 국민타자라는 명예로운 칭호까지 얻게 되었다.

배수지진(背水之陣)이라는 고사성어가 있다. 강을 등지고 진을 침으로써 물러설 곳 없는 상황을 만들고 목숨을 걸고 싸움에 임한다는 뜻이다. 《삼국지》에 나오는 고사로서 한(漢)나라 유방(劉邦)의 명령 하에 장수 한신이 조(趙)나라 정벌에 나섰을 때 사용했던 병법이다.

명장 한신은 위나라를 격파하고 그 여세를 몰아 조나라에 쳐들어갔다. 한신은 아군보다 무려 10배나 많은 조나라의 군사들을 물리치기 위해 강을 등지고 진을 치게 함으로써 조나라의 왕을 사로잡았다.

싸움이 끝나고 축하연이 벌어졌을 때 장수들이 한신에게 물었다.

"병법에는 산을 등지고 물을 앞에 두고 싸우라고 했습니다. 그런데 장군께서는 물을 등지고 싸우도록 하셨습니다. 이것은 대체 어떻게 된 일입니까?"

한신이 대답했다.

"이것도 병법의 한 수이나 제군들이 미처 깨닫지 못했을 뿐이오. 병서에는 자신을 사지에 몰아넣음으로써 살길을 찾을 수 있다고 적혀 있소. 나는 그 병법을 잠시 응용한 것이오. 원래 우리 군은 원정을 계속해 온 탓에 보충병으로 이루어져 있어 빠져나갈 수 있는 곳에 진을 쳤다면 아마 싸우다가 모두 흩어져 달아나 버렸을 것이오. 그래서 사지에 몰아넣어 죽음을 무릅쓰고 싸우도록 한 것이오."

"과연 명장이오!"

장수들은 한신의 말에 모두 탄복하고 말았다.

절박함. 짐 캐리가 영화배우로서 성공할 수 있었던 것도, 비가 가수로서 성공할 수 있었던 이유도 절박함에 있었다. 더 이상 물러설 곳이 없을 때, 막다른 골목에 몰릴 때 우리는 죽을 힘을 다해 매달린다.

어느 시각장애인에게 아들이 있었다. 아들은 친구들이 자신을 장애인의 아들이라고 놀리는 것이 정말 싫었다. 아들은 기도했다.

"눈 뜬 아빠를 갖게 해 주세요. 우리 아빠는 야구도 못 하고 이것도 못 하고 저것도 못 하고…."

그 기도를 들은 아버지는 아들에게 말했다.

"눈 뜬 너의 엄마는 불을 끄면 책을 못 읽어 준다. 불을 끄면 못 하는 사람이다. 그러나 앞 못 보는 아빠는 불을 꺼도 책을 읽어 줄 수 있다. 아빠는 불을 꺼도 잘하는 사람이다."

아버지는 아들의 생각을 바꾸어 주었다. 아들은 하버드 대학 입학 에세이를 쓸 때 맹인 아버지가 자신에게 언제나 인생의 빛이 되어 주었다고 썼다.

아들 폴(한국명 강진석)은 나중에 커서 꼭 아빠의 눈을 자신의 손으로 고쳐 드리겠다고 다짐했다. 아들은 의과대학을 거쳐 안과의사가 되었고 워싱턴에서 가장 권위 있는 안과교수연합(UOCW) 멤버 8명 중 한 명이 되었다.

아들의 생각을 바꾸어 준 아버지. 힘들더라도 꼭 해야만 하는 도전의식을 갖도록 한 아버지. 그 아버지는 바로 미국 부시 행정부에서 백악관 국가장애위원회 정책 차관보를 맡았던 강영우 박사다. 둘째 아들 크리스토퍼(한국명 강진영)는 2009년 1월에 취임한 오바마 대통령의 백악관 특별 보좌관으로 임명되어 부자가 대를 이어 백악관에 입성하는 진기록을 세웠다. 그의 이야기는 우리나라 중학교 3학년 영어 교과서에 '현대의 영웅'으로 소개되었다.

강영우 박사는 열네 살 때 아버지를 잃었다. 그리고 이듬해 중학교 시절, 축구공에 맞아 시력을 잃었다. 의사는 그에게 시력을 회복할 수 없다는 판정을 내렸다. 이에 충격을 받은 어머니가 뇌졸중으로 갑자기 세상을 떠나고 말았다. 하루아침에 하늘 아래에 4남매만이 남게 되었다. 가족의 생계를 떠맡아야 했던 누나는 학업을 포기하고 봉제공장에 취직했으나 16개월 만에 과로로 사망했다. 남은 가족들조차 남동생은 철물점 점원으로, 아홉 살이던 여동생은 보육원으로, 강영우는 맹인재활원으로 뿔뿔이 흩어졌다. 얼마나 가슴 아프고 절망적인 상황인가.

두 눈으로 아무것도 볼 수 없었던 강영우는 절망 속에서도 긍정적으로 생각하며 새로운 미래를 꿈꾸었다. 그는 인생 30년 계획을 세웠다. 처음 10년은 열심히 공부해서 대학을 졸업하는 기간, 그다음 10년은 행복한 가정을 이루는 기간, 나머지 10년은 신에게 영광을 돌리며 사회에 봉사하는 삶을 사는 기간. 그렇게 30년 계획을 세우고 나니 살아야겠다는 의지가 강하게 꿈틀거렸다. 하지만 첫 번째 계획부터 난관에 부딪혔다. 앞을 볼 수 없기에 책을 읽을 수 없었던 것이다. 그런 그가 연세대학교 교육학과에 입학하고, 최초의 장애인 정규 유학생이 되어 미국으로 건너가 피츠버그 대학에서 3년 8개월 만에 박사학위를 받고 1976년 4월 한국 최초의 맹인 박사가 되었다. 앞을 못 보는 장애를 극복하고 일리노이 대학 교수로 임용되기까지 그 과정이 어땠을지는 우리는 상상조차 하기 힘들 것이다.

강 박사는 '생각이 바뀌면 새로운 세상이 보이고, 태도가 바뀌면 새로운 미래가 보인다'고 알려 주고 있다. 만약 그가 다른 사람들과 비교를 일삼았다면 좌절하고 말았을 것이다. 그러나 그는 남과 경쟁하기보다 인생의 비전과 목표를 분명히 세우고 죽을힘을 다해 이루려고 노력했다. 장애가 없는 사람보다 수없이 많은 어려움이 앞을 막았지만, 꼭 이루어야 할 목표가 있었기에 위기마다 이겨 낼 수 있었던 것이다. 그는 장애 때문에 무엇을 못 하지는 않는다고 생각했다. 자신이 결코 시시한 사람이 아니라고 믿었던 것이다. 자신이 많은 가치를 지녔다고 믿었기 때문에 인생에서 많은 것을 발견할 수 있었다. 스스로 크고 어려운 일을 할 수 있다고 믿었기 때문에 실제로 그렇게 해냈다. 사람은 자신이 생각하는 대로 된다. 생각을 크게, 긍정적으로 가져야 하는 이유가 여기에 있다.

성공과 평범함의 차이는 아주 근소하다. 일을 99%까지 마무리했을지라도 성공 열쇠인 1%를 더하지 않으면 결국 실패하고 만다. 성공 열쇠인 1%. 여기서 1%는 강인한 정신력이라는 것을 명심해야 한다.

06

실패는
가장 훌륭한 인생 참고서

> 성공은 종종 실패가 불가피하다는 것을
> 모르는 사람들에 의해 달성된다.
>
> – 가브리엘(코코) 샤넬

대부분의 학생들은 '실수', '실패'라는 단어를 부정적으로 받아들이는 경향이 크다. 그래서 그런 단어들을 두려움의 대상으로 여기게 된다.

"절대 실수해서는 안 돼. 그래야 상위권에 들 수 있어."

그러나 이런 말은 시험에서나 통할 뿐 인생살이에는 적용되지 않는다.

에디슨은 말했다.

"실패는 성공하기 위한 다양한 시행착오일 뿐이다."

에이브러햄 링컨은 하원의원 선거에서 세 번, 상원의원 선거에서 한 번 실패했다. 그 후 부통령에 출마했지만 고배를 마신 끝에 제16대 대통령에 당선되었다. 마이클 조던은 대학시절 주전선수 명단에서 제외되는 아픔을 겪었다.

역사상 가장 유명했던 가수 엘비스 프레슬리도 단 한 번 공연을 하고 나서 매니저에게 해고를 당했다.

"이보게 젊은 친구, 여기저기 들쑤시며 다니지 말고 돌아가서 다시 트럭이나 운전하지 그래."

그러나 엘비스는 포기하지 않았다.

"조앤, 돈을 벌려면 아이들이나 읽을 책은 쓰지 마세요."

저작권 대리인은 조앤 K. 롤링에게 이렇게 말하며 그녀를 돌려보냈다. 그러나 그들은 다른 사람들보다 더 성공을 원했기 때문에 물러서지 않았다.

여러분은 너무도 쉽게 "열심히 노력했지만 실패하고 말았어. 이제 나는 끝이야."라고 말한다. 하지만 실패는 끝이 아니다. 실패는 또 다른 시작이다. 중요한 것은 실패가 우리를 좌절하게 만드는지 또는 성장시키는지에 달려있다.

자동차와 오토바이로 유명한 일본 '혼다'의 창업자 혼다 소이치로 회장은 주어진 시간의 99%를 실패하는 일에 사용한다고 말했다. 어쩌면 남들보다 실패에 할애하는 시간이 많을지도 모르지만 오히려 실패와 만나는 시간을 즐긴다고 한다.

그가 처음 오토바이를 만든 것은 아주 사소한 일이 계기가 되었다고 한다. 우연히 버려진 자전거에 모터를 달아 판매한 것이 시작점이 된 것이다. 당시 사람들은 그의 기술력을 높이 사지는 않았다. 하지만 그 일을 계기로 그는 본격적으로 오토바이 사업에 뛰어들어 성공을 거두었고 혼다라는 대기업으로 성장하는 발판을 마련했다. 주어진 시간의 99%를 실패하는 일에 사용하려고 노력했기에 손안에 들어온 기회의 소중함을 알 수 있었던 것이다. 물론 세상에 실패를 딛고 성공한 사람은 극소수에 지나지 않는다.

이 글을 쓰고 있는 나 역시 사소한 실패도 마음이 철렁할 정도로 엄청나게 크게 받아들여질 때가 많다. 수많은 실패를 경험한 성인도 그러한데 아직 몸과 마음이 다 자라지 못한 여러분들이야 오죽하랴. 시험을 못 봤다고 아예 공부를 포기하거나 애석하게도 목숨을 끊는 학생들도 있다. 작은 실수를 거대하게 해석해 돌이킬 수 없는 일을 저지르는 것이다. 하지만 훗날 뒤돌아보면 아무것도 아닌 실수라는 것을 알 수 있을 텐데 참으로 안타까운 일이다.

"노력했는데도 실패했다면 물러서지 말고 다시 도전하라. 설령 또 실패하더라도 그것을 통해 강해지는 법이다."

노벨 문학상을 수상한 사무엘 베케트는 실패가 그의 인생에 전혀 장애가 되지 않았다고 말했다. 그의 첫 소설은 출판사로부터 42번이나 거절당한 끝에 겨우 초판을 인쇄할 수 있었다. 그의 연극 〈고도를 기다리며〉 역시 성연되던 초기에 '두 번을 봐도 전혀 감흥이 오지 않는다'라는 평을 받으며 흥행에 실패했다. 지금이야 세계적으로 호평받는 걸작이지만 당시에는 관객들이 조롱과 야유를 퍼부으며 무더기로 퇴장하는 사태까지 벌어졌었다.

실패하지 않는 사람은 없다. 그렇다고 실패가 유쾌한 일은 아니다. 중요한 것은 실패를 어떻게 받아들이느냐 하는 것이다. 성공하는 사람은 자신의 실패를 인정하고 받아들인다. 사람은 누구나 자신의 못난 점을 숨기고 싶어 한다. 그럼에도 불구하고 그들은 자신의 실수를 공개해 다시는 그런 실수나 실패를 반복하지 않는다.

반면에 실패하는 사람은 자신의 잘못을 인정하지 않고 숨기기에 급급하나. 때로는 자기 자신까지 속이려 들기도 한다. 어쩌다 들통이 나면 변명을 늘어놓거나 다른 사람 탓으로 돌리곤 한다. 그러면서 그들은 이렇게 말한다.

"그때는 어쩔 수 없었어."

이런 사람에게는 결코 밝은 미래가 주어지지 않는다.

우리는 TV에서 성공한 사람의 어린 시절을 돌아보고 그때 같이 공부하며 자란 친구들을 인터뷰하는 장면을 흔히 본다.

"어린 시절, 그 사람은 어땠나요? 공부를 잘했다든지 뭐 다른 특출함이 있었나요?"

친구는 고개를 갸웃거리며 대답한다.

"글쎄요. 뭐 특별한 것은 없었던 것 같아요. 또래 아이들과 똑같았어요. 다른 게 있었다면 틀린 문제를 가지고 선생님을 약간 귀찮게 한 정도…."

커다란 차이로 성공과 실패가 정해지는 경우는 별로 없다. 다만 그때그때 누가 좀 더 노력하고 덜 노력하느냐에 따라 조금씩 방향이 달라지는 것이다. 그리고 이러한 차이가 수백 번 쌓이다 보면 나중에는 의외의 결과가 생기게 된다. '약간 귀찮게 한 정도'가 쌓여 그 사람이 성공할 수밖에 없는 의지를 만들어 내는 것처럼.

성공하지 못한 사람은 억울하고 세상이 불공평하다며 불평을 늘어놓는다. 어려서부터 겉으로는 성공한 친구와 큰 차이도 나지 않았으니 그와 자신이 특별히 다를 이유가 없다고 생각하기 때문이다. 하지만 성공하지 못한 친구는 그 간발의 차이인 '약간의 게으름', 또는 '이 정도면 되겠지' 하는 식의 자기합리

화가 엄청난 차이를 만들어 냈다는 것을 알지 못한다. 성공과 실패는 그렇게 작은 차이에서 비롯된다. 따라서 자신이 무엇을 잘못하고 몰라서 실패했는지를 아는 것이 중요하다. 대부분은 실패 자체에 빠져 정작 자신이 실패한 이유를 찾지 못한다. 그러다 보니 여전히 왜 실패했는지를 모른 채 다시 도전했다가 똑같은 실패를 반복하게 된다.

여러분은 문제를 풀 때 똑같은 문제에 실수를 반복하는 것을 경험했을 것이다. 지난번에 틀린 문제를 또 틀렸을 때 자신이 마치 바보처럼 느껴져 스스로에게 화가 난 경험도 있을 것이다. 그래서 똑같은 실수를 반복하지 않기 위해 오답노트를 작성한다. 그것은 선행학습을 하는 것만큼 중요하다. 새로운 것을 익히는 것도 좋지만 왜 그 문제를 틀렸는지, 그리고 무엇을 이해하지 못했는지 정확히 알고 넘어가야 새로운 공부에도 진전이 있다. 공부가 어렵게만 느껴지고 지겨워지는 것은 원리를 파악하지 못한 채 새로운 지식만 주입하려 하기 때문이다.

나무기둥에 묶어 둔 새끼 코끼리는 처음에는 자유의 몸이 되기 위해 발버둥을 친다. 하지만 그때마다 나무는 코끼리를 구속하고 새끼 코끼리는 몇 번의 실패 끝에 나무로부터 벗어날 수 없다고 결론을 내린다. 이렇게 길들여진 새끼 코끼리는 어른

코끼리가 되어서도 나무는커녕 나뭇가지 하나 움직일 생각조차 하지 않는다. 어린 코끼리에게는 결코 넘을 수 없는 장벽이었지만 다 자란 코끼리는 마음만 먹으면 얼마든지 나무기둥을 뿌리째 뽑아낼 수 있음에도 아무런 시도조차 하지 않는 것이다. 실패의 의식에 사로잡혀 있기 때문이다.

인간은 죽을 때까지 끊임없이 실패를 통해 배우는 존재다. 실패를 자신의 성장을 위한 필수요소라고 생각해야 한다. 실패를 자기 성찰의 기회로 받아들인다면 실패에 대한 두려움으로부터 얼마든지 벗어날 수 있다.

07

계속 도전하다 보면
성공의 나이테가 커진다

어떤 재능 혹은 다른 재능으로
뛰어난 사람이 될 수 있도록 노력하라.

– 세네카

여러분이 학교 성적을 높이려는 목표를 세우고 열심히 노력
했다고 가정해 보자. 곧바로 성적이 일직선을 그리며 향상될 것
이라고 보는가, 아니면 오르락내리락하는 곡선을 그리면서 차
츰 발전할 것이라고 보는가?

여러분의 대답이 어쩌하든 답은 두말할 필요 없이 곡선을
그리면서 성장하는 쪽이다. 발전하고 성장하는 과정에는 좋을
때도 있고 분명 그렇지 않을 때도 있다. 한여름 타는 듯한 태
양열을 막아 주는 아름드리나무도 처음부터 그렇게 무성했던

것이 아니다. 어린 나무는 자라는 과정에서 숱한 폭풍우를 만나 나뭇가지가 잘려 나가고 잎이 찢기는 고통을 인내하며 성장했다. 마찬가지로 우리에게도 좋을 때가 있고 나쁠 때가 있다. 하지만 어떤 고통과 장애물에도 개의치 않고 노력해야 원하는 곳에 도달할 수 있다.

중간에 그만두고 포기하는 사람들은 이 성장의 법칙을 이해하지 못한다. 이들은 노력만 하면 한 방향으로, 즉 위쪽으로만 오를 것이라 이해하기 때문에 조금만 뒤로 밀려나도 게임에서 졌다고 생각하고 바로 포기해 버린다. 세상에 처음부터 크게 되는 일은 없다. 성장, 또는 발전이란 상승과 하강을 반복하는 물결처럼 점차 앞으로 나아가는 과정이다.

공부도 마찬가지다. 좋은 성적을 받으려면 신경 써야 할 것이 한두 가지가 아니다. 먼저 잠과의 전쟁에서 이겨야 하고, 좋아하는 게임도 참아야 한다. 친구와 만나 노는 시간을 줄여야 함은 물론이고, 쉬는 시간을 이용해 문제도 풀고 무엇보다 전 과목을 두루 잘해야 한다.

어떤 분야든지 같은 룰이 적용된다. 큰일 한 가지만 제대로 한다고 성공할 수 있는 것은 아니다. 성공은 작은 일이라도 될 수 있는 한 여러 가지를 변함없이 꾸준히 해야만 얻을 수 있는 결과다. 실패하는 사람은 언젠가 행운이 자신의 삶을 바꿔 줄 거라고 믿는다. 하지만 성공하는 사람은 작은 일이라도 매일 꾸준히 해야 삶이 변화된다는 것을 아는 사람이다. 무엇이든 처음부터 차근차근 한 단계씩 도전하다 보면 점차 자신감이 붙고 이로 인해 열매도 얻는 법이다.

도전이라는 단어를 숱하게 들어 왔을 것이다. 국어사전에는 도전이란 '정면으로 맞서 싸움을 걺'이라고 풀이되어 있다. 어떤 장애물이 앞을 막아도 뒤로 물러서거나 포기하지 않고 정면으로 맞서 해결한다는 의미다. 하지만 신체적, 정신적인 고통이 두려워 도전하지 못하고 포기하는 경우가 많다.

자신이 좋아하는 일을 마음속에만 담아 두고 행동하지 못하는 친구들이 있다. 우리는 모두 미지의 세계를 두려워한다.

그래서 결국 스스로에게 이렇게 말한다.

"나는 소질이 없어."

"그건 아무나 하는 것이 아니야."

물러서지 말고 도전해야만 한다는 것은 알고 있지만 실패로 인한 두려움을 상상하며 시작조차 하지 못하는 것이다. 그러나 어렵지 않게 도전하는 방법이 있다. 자신이 좋아하는 일을 하는 것이다. 평소 자신을 시시한 사람이라고 여기는 소심한 사람도 자신이 좋아하는 일을 할 때는 백팔십도로 달라진다. 사람이 인내를 갖고 도전하게 하는 힘은 열정에서 나온다. 좋아하는 일을 할 때는 열정이 살아난다. 그 일에 대한 열정만이 포기하지 않고 도전하게 만든다.

《해리 포터》시리즈에 대해서 아주 잘 알고 있을 것이다. 책과 영화는 물론이고 영화에 등장했던 주인공들조차 세계적인 이목을 끌고 있다. 《해리 포터》를 쓴 작가 조앤 K. 롤링은 아이의 신발을 새로 살 돈이 없어 더 이상 아이의 발이 자라지 않았으면 좋겠다고 생각할 정도로 가난한 시절을 보냈다. 결혼을 하고 아이를 낳았지만 무능력한 남편은 가족을 돌보지 않아 이혼을 하게 되었다. 그녀는 배가 고파 우는 아이를 물로 달래가며 글을 썼다.

그녀에게는 상상력이라는 강력한 무기가 있었다. 결혼 전 비서로 일했을 때 그녀는 공상에 빠져 있는 시간이 너무 많아 업무에 적응하지 못했다. 그녀가 가장 행복한 순간은 상상에 잠기거나 그 생각을 글로 쓸 때였다. 이를 실행으로 옮기기 위해 작은 카페의 구석 자리에 앉아 《해리 포터와 마법사의 돌》을 완성해 나갔다. 탈고한 뒤 인쇄할 돈이 없어 직접 타자를 쳐서 에이전시에 보냈다. 무명작가에다 검증되지 않은 이야기에 아무도 투자하려 하지 않았다. 그러다 한 에이전시에서 관심을 보여 왔고, '블룸스베리'라는 출판사와 계약을 체결하게 되었다. 당시 그녀가 받은 계약금은 고작 2,000달러에 불과했다. 전 세계 어린이와 어른들까지도 열광하게 만든 《해리 포터와 마법사의 돌》은 이렇게 힘든 과정을 거쳐 세상에 알려지게 되었던 것이다.

자신의 악조건을 이겨 내고 계속 도전하게 하는 힘은 어디에서 나오는 것일까? 그것은 자신이 좋아하는 일을 하는 데서 나온다. 자신이 진정으로 원하는 일을 꿈으로 정한다면 과정이 아무리 힘들고 누가 알아주지 않고 바라봐 주지 않아도 포기하지 않고 계속 해 나갈 수 있는 것이다.

좋아하는 일을 하면 열정이 치솟고 성공 가능성은 몇 배나 높아진다.

《빨강머리 앤》을 쓴 루시 몽고메리의 이야기도 도전을 이야기할 때 빼놓을 수 없다. 루시 몽고메리는 두 살도 채 되지 않아 어머니를 잃고 외조부모 밑에서 자랐다. 고아원에서 자란 소녀가 한 가정에 입양되어 좌절하지 않고 씩씩하게 자란다는 빨강머리 앤의 이야기는 작가 자신의 이야기를 그려 낸 것이다. 그녀는 어렸을 때부터 책을 읽고 글을 쓰는 것을 좋아했다. 그녀가 서른 살에 쓴 《빨강 머리 앤》은 처음엔 모든 출판사로부터 거절을 당했다. 그러나 포기하지 않고 그녀는 3년 후 다시 이 원고를 출판사에 보냈고, 결국 한 출판사와 계약을 맺게 되었다. 우리는 이쯤에서 다음과 같은 의문을 가져 볼 수 있다.

"나라면 어떻게 했을까?"
"나라면 모든 출판사로부터 거절당한 원고를 다시 출판사에 보낼 수 있을까?"

대부분의 사람들은 다신 보내지 않을 것이다. 우리에게는 도전정신이 결여되어 있다. 한 번 거절당하면 자신은 실력이 없는 사람이라고 스스로 낙인찍어 버린다. 우리는 실력보다 추진력과 도전정신이 부족해 기회를 얻지 못한다는 사실을 알아야 한다. 시도도 해 보지 않고 꿈을 포기하는 것은 자신의 미래 가능성의 싹을 자르는 것과 같다.

실패란 단지 많은 돈을 벌지 못한 것을 뜻하지는 않는다. 실패하는 사람들은 열정을 끄집어내지 못할 핑계들을 생각해 내며 인생을 보낸다.

"왜 하필 나야?"

그들은 어려움에 부닥쳤을 때 늘 '왜 하필 나야?'라고 반문한다. 이렇게 말하는 사람은 왜 다른 사람이 아닌 자신이 이런 상황에 걸려든 것이냐고 불평불만을 일삼으며 문제를 회피하려 든다. 이들에게 도전이란 귀찮은 것, 힘든 것, 피하고 싶은 것이다. 도전을 두려워하며 그 너머에 있는 성공을 보지 못하는 것이다.

어떤 친구는 공부가 어려워서 싫다고 한다. 또 어떤 친구는 재미가 없어서, 적성에 맞지 않아서, 선생님이 마음에 안 들어 공부가 하기 싫다고 말한다. 공부가 하기 싫어 포기할 것인지, 아니면 공부가 즐거워질 방법을 찾아 다시 시작해야 할지는 여러분의 선택에 달려 있다.

잠시 눈을 감고 생각해 보자. 이 순간 여러분이 하는 선택에 따라 5년 후, 10년 후가 어떻게 펼쳐져 있을지 떠올려 보자.

지금 포기한다면 5년 후, 10년 후 어떻게 되어 있을까?

지금 다시 도전한다면 나의 5년 후, 10년 후는 어떻게 달라질까?

마음을 가라앉히고 차분히 생각해 보자. 그리고 마지막으로 미국의 정치가 클라우드 페퍼의 말을 가슴에 새겨 보라.

"인생은 자전거를 타는 것과 같다. 당신이 계속 페달을 밟는 한 당신은 넘어질 염려가 없다."

08

시련과 위기, 쪼개고 자르면
해결책이 보인다

> 인간에게는 의식적인 노력으로 자신의 삶을 높일 능력이
> 분명히 있다는 것보다 더 용기를 주는 사실은 없다.
>
> – 헨리 데이비드 소로

성공과 실패를 극적으로 반전시킨 경영인이 있다. 20대에 세계 최고의 부자 반열에 올랐으나 하루아침에 자신이 만든 회사에서 쫓겨난 사람. 그리고 다시 그 회사의 CEO로 복귀한 사람. 영화 〈토이 스토리〉를 만들고 MP3 플레이어 '아이팟(ipod)'을 만든 사람. 그는 '창조의 귀재' 스티브 잡스다.

스티브 잡스는 '창조'라고 하는 단어를 떠올릴 때 가장 먼저 생각나는 사람들 중 하나다. 스티브 잡스는 리드 대학을 6개월 정도 다니다가 양부모님이 평생 동안 저축한 돈을 몽땅 자신의

등록금으로 쏟아부을 수는 없다는 결론을 내리고 자퇴를 결심했다. 그는 자퇴 서류를 제출하고서도 독특한 글씨체에 호기심을 느껴 리드 대학의 강의를 청강하기 시작했는데 그때의 공부는 10년이 지나 매킨토시 컴퓨터를 설계할 때 아주 유용하게 사용되었다.

대학을 자퇴했기에 그는 더 이상 기숙사에 머무를 수 없어 친구들에게 신세를 질 수밖에 없었다. 캠퍼스의 콜라 캔을 모아다가 음식을 살 돈을 마련하기도 하고, 일주일에 한 번 제대로 된 식사를 하기 위해 매주 일요일에는 10킬로미터 떨어진 한 힌두교 성당까지 걸어가 예배에 참석하곤 했다. 그린 상황에서도 그는 자신의 직관, 어떻게든 모든 것이 잘될 거라는 믿음을 잃지 않았다.

스무 살 때 그는 친구 스티브 워즈니악과 함께 부모님의 차고에서 애플을 창업했다. 그들이 만든 세계 최고의 퍼스널 컴퓨터 '애플'은 전 세계적으로 폭발적인 인기를 누렸고, 그는 백만장자가 되었다. 회사는 불과 10년 만에 4,000명이 넘는 직원을 둔 회사로 성장했다. 그의 나이 막 서른이 되었을 때였다. 그러나 곧 자신이 만든 '애플'사에서 쫓겨나는 수모를 겪는다.

"어떻게 자신이 창업한 회사에서 쫓겨날 수 있냐고요? 애플이 크게 성장한 뒤에 저는 저와 같이 애플을 잘 운영할 만한 사람을 고용했습니다. 처음 1년간은 별다른 문제가 없었지요. 근데 점점 그와 저는 애플의 미래에 대해서 서로 다른 비전을 갖기 시작했습니다. 이사회는 결국 그의 편을 들었지요. 그래서 저는 서른 살에 애플에서 쫓겨났습니다. 신문에 대서특필되면서 말이죠. 갑자기 인생 전체가 송두리째 무너진 느낌이었습니다."

마치 올림픽 계주에서 바통을 떨어뜨린 기분이었을 것이다. 너무도 참담한 실패에 스티브 잡스는 아무것도 할 수 없었다. 실리콘 밸리에서 도망갈 생각까지 했다. 그러나 천천히 다시 정신을 차리기 시작했다. 그리고 깨달았다. 아직도 자신이 하던 일에 열정이 남아 있다는 것을. 비록 회사는 그를 쫓아냈지만 열정까지 버리게 하진 못했던 것이다. 그래서 다시 시작하기로 결심했다. 성공에 대한 중압감에서 벗어나 가벼운 초심자의 마음으로 돌아가기로 마음먹었다.

"그 당시는 몰랐지만, 애플에서 쫓겨난 건 저의 인생에 있어 최고의 사건이었습니다. 하지만 그 덕분에 제 인생에서 가장 창의적인 시기가 막을 열 수 있었습니다."

그 후 스티브 잡스는 넥스트(NeXT)와 픽사(Pixar)라는 두 개의 회사를 창업했다. 그리고 사랑하는 여자 로렌을 만나 결혼도 했다. 계속해서 그는 새로운 신화를 만들어 냈다.

결국 쫓겨난 지 11년 만인 1997년에 잡스는 다시 애플의 CEO로 복귀했다. 복귀 후 새로운 PC인 아이맥(iMac)을 출시했고, 1년 동안 200만 대나 팔려 나갈 정도로 성공했다. 애플의 주가는 9배나 뛰어올랐고 10억 달러의 적자를 기록했던 회사는 단 1년 만에 4억 달러 가까운 흑자로 전환되었다. 그리고 월트 디즈니와 손잡고 애니메이션 영화의 새로운 영역을 개척해 나갔다. 그는 화려하게 재기에 성공했으며 계속해서 소비자들이 갖고 싶어 하는 제품을 만들어 냈다.

스티브 잡스는 자신이 애플에서 쫓겨나지 않았더라면 이들 중 어떤 일도 일어나지 않았을 거라고 말한다.

"몸에 좋은 약은 입에 쓰다고들 하지요. 아마도 제가 약이 필요했던 시기였나 봅니다."

그는 시련과 위기를 오히려 새로운 기회로 삼았다. 그 후에도 자신의 일에 열정을 가지고 있다는 것을 깨닫고 처음 시작할 때의 마음으로 돌아가 끊임없이 도전했다.

우리는 항상 역경과 시련의 바다를 항해하면서 암초에 부딪히거나 폭풍우 속에서 방향을 잃고 헤매곤 한다. 인생에서 갑작스러운 시련을 만난 사람은 대부분 어찌할 바를 모르며 당황하기 일쑤다. 하지만 그 옆에서 사태를 지켜보던 사람이 정확히 문제를 파악하는 것을 쉽게 볼 수 있다.

그렇다면 문제의 주인공은 왜 쉽게 방향을 잃는 것일까? 그리고 왜 그 사실을 모르는 것일까? 그 이유는 문제의 한가운데 서 있기 때문이다. 다시 말하면 어느 한 곳에만 정신을 빼앗겨 객관성을 잃고 있는 것이다. 그들은 주위를 둘러볼 여유를 가지지 못한다. 반면 옆에서 지켜보는 사람은 전체적으로 보기 때문에 문제의 원인과 과정을 판단할 수 있다. 즉, 문제의 일부분이 아니라 전체를 이해하는 것이다.

따라서 갑작스러운 시련이나 위기가 닥치면 당황하거나 허둥대지 말고 문제의 중심에서 한 발짝 물러나 멀리서 신중하게 문제 전체를 살펴보는 습관을 길러야 한다. 이때 가까운 사람의 조언을 구하는 것도 좋은 방법이다. 문제를 파악하고 해결하는 사람은 물론 자신이지만 경험이 많은 인생 선배의 조언은 위기를 기회로 바꾸는 데 도움이 된다. 그리고 잊어버려야 할 것이 있다면 과감하게 잊어버려야 한다. 순간의 실수와 잘못을 되씹으며 애꿎게 자신을 괴롭히지 말고 그 속에서 교훈을 찾도록 해야 한다. 되돌릴 수 없는 실패 때문에 집 안에 틀어박혀 자신을 원망하고 증오하기보다는 그 교훈을 가슴에 새기고 더 나은 길을 찾고자 고민하는 것이 현명하다.

"전 수학을 왜 이리 못하는지 모르겠어요. 수학은 나하고 안 맞나 봐요."

수학이 자신과 맞지 않는다고 해서 수학을 포기할 수는 없는 일이다. 물론 잘하는 과목 몇 개를 더 중점적으로 공부해서 성적을 올리는 방법도 있겠지만 그것도 수학에서 어느 정도 점수를 확보했을 때 가능한 일이다. 따라서 해결 방법을 찾아야 한다. 아무리 해도 방법이 떠오르지 않을 때는 문제를 아주 잘게 쪼개서 분석해 보면 의외로 쉽게 답을 얻을 수 있다. 즉, 원인이 될 만한 이유를 전부 나열해 보는 것이다.

수학공부가 하기 싫어 공부를 하지 않았는지, 하기 싫다면 왜 하기 싫은지 그 이유를 같이 적어 보는 것이다. 아니면 기초 실력이 없는 것인지, 평소에는 잘 풀다가 시험이라고 하면 겁부터 먹기 때문인지를 따져 보아야 한다. 그래야만 학습방법을 개선해야 하는지, 마음상태를 다스려야 하는지 등의 해결 방법을 모색해 볼 수 있다. 충분히 해결 방법을 찾을 수 있음에도 나온 결과만을 가지고 자신을 실패자로 몰아가고 있지는 않는지 스스로를 점검해 봐야 한다.

여러분은 실패를 했을 때 가장 먼저 어떤 생각이 떠오르는가? 아마 모든 사람이 자신을 비웃을 거라고 생각할지도 모른다.

"왜 나는 이것밖에 안 되지?"

"어째서 나는 되는 일이 없을까?"

"이제 어떻게 고개를 들고 다니지?"

그러면 마음에서는 즉각 이런 답이 울려 나온다.

"넌 바보 멍청이니까 그렇지."

"넌 바보 멍청이라서 그렇게 살 수밖에 없는 거야. 알았니?"

더욱 화가 난 여러분은 책상에 머리를 부딪치거나 이불을 뒤집어쓰고 자책할 것이다. 그런데 그런 행동이 과연 무슨 도움이 되겠는가?

이때 가장 좋은 방법은 털고 일어나는 것이다.

"무엇이 잘못된 거지?"

"어떻게 하면 다시는 이런 실패를 안 할까?"

"그래. 아직 끝난 것이 아니야. 다시 시작하면 돼."

스스로에게 긍정의 질문을 할 때 우리의 머리는 다시는 실패하지 않기 위한 생각만을 한다. 똑같은 실수나 실패를 하지 않기 위해 어떤 일을 해야 하는지 머리가 알려 줄 것이다. 그리고 해답을 알았다면 용감하게 행동하면 된다. 머뭇거림과 망설임은 성공의 적이다. 모든 일에 신중해야 하지만 일단 결심했으면 주저하지 말고 행동으로 옮겨야 한다.

여러분이 고민만 하고 있는 사이 누군가는 과감하게 행동함으로써 이미 문제를 해결하고 한발 앞서가고 있을 수도 있다. 그러므로 시련과 위기 앞에서 좀 더 과감하고 빠르게 생각하고 행동한다면 성공의 문이 눈앞에 펼쳐질 것이다.

집요한 실행력으로
끝까지 물고 늘어진다

늘 명심하라. 성공하겠다는 자기 자신의 결심이
다른 어떤 것보다 중요하다는 것을.
– 에이브러햄 링컨

일본에서 실시한 조사에서 대학생과 신입사원들이 가장 존경하는 기업인으로 선정되기도 했던 손정의. 그는 2006년 9월 미국의 경제지 〈포브스〉가 '일본 최고의 부자'로 선정한 사람이다. 손정의는 어떤 사람인지 더 자세히 알아보자.

그는 일본에서 활동하고 있는 한국계 일본인 사업가로 현 소프트뱅크(SOFTBANK) 그룹의 회장이다. 그는 1957년, 일제시대 대구에서 규슈로 건너간 탄광 노동자의 손자로 태어났다. 그는 어린 시절을 한국인이라는 차별 속에서 보내야 했다. 한

번은 같은 유치원에 다니던 일본 아이들이 '조센진'이라고 야유를 퍼부으며 그에게 던진 돌에 맞아 머리에 피를 흘린 적도 있었다. 그러나 그는 밝고 명랑했으며 학업성적도 우수한 학생이었다. 공부면 공부, 운동이면 운동, 꼭 이겨야 직성이 풀리는 근성 있는 학생이었다. 그는 일본 쿠루메 대학 부설고등학교를 중퇴하고 열여섯 살 되던 해 미국으로 건너가 캘리포니아 고등학교에서 유학을 시작했다.

부푼 꿈을 안고 미국 고등학교에 입학한 손정의는 등교하고 얼마 지나지 않아 크게 실망했다. 교과과정이 그에게는 너무 쉬웠던 것이다. 오랜 시간을 허비할 필요성을 느끼지 못한 그는 속성으로 고등학교를 마치기로 결심하고 교장을 찾아갔다.

"1학년 교과서 내용은 이미 배워서 알고 있습니다. 그러니 2학년으로 올려 주십시오."

교장은 그의 요청대로 그를 2학년으로 월반시켜 주었다. 그런데 며칠 지나지 않아 또 교장실을 찾아와 2학년 과정 역시 이미 알고 있는 것이니 3학년으로 월반시켜 달라고 요구했다. 학교 당국은 손정의가 학교에서 가르치는 내용을 모두 알고 있다고 큰소리치자 당황스러웠고 고민 끝에 대학검정 자격고시를 치르도록 했다.

대학검정 자격고시를 치르는 시험장에서도 손정의는 당돌하게 감독관에게 따졌다.

"이 시험은 영어실력을 테스트하는 시험이 아니라 학력평가를 위한 시험입니다. 그러니 시험을 보는 동안 사전을 사용할 수 있게 해 주십시오. 또 사전을 이용하면서 문제를 풀어야 하니 시간을 연장해 주셔야 합니다."

손정의와 실랑이를 벌이던 감독관은 담당관에게 전화를 걸어 사전을 사용하도록 허락을 받았고 손정의는 한 과목당 2시간에 걸쳐 시험을 치렀다. 그는 합격했다. 3주 만에 미국 고등학교 졸업장을 따낸 것이었다.

대학교에 입학한 손정의는 본격적으로 컴퓨터를 연구하기 시작했다. 한번 컴퓨터 실습실에 들어가면 하루 종일 컴퓨터에 열중했다. 컴퓨터 실습실에 침낭까지 준비하면서 숙식을 해결했고 컴퓨터에 자신의 모든 열정을 다 바쳤다. 그러던 어느 날 컴퓨터를 이용해서 사업계획을 정리하던 중에 갑자기 기막힌 아이디어가 떠올랐다. 그는 아이디어를 실현하기 위해서 지체 없이 작업에 착수했다. 그것이 바로 음성 자동인식 번역기술이다. 손정의가 만든 음성 자동인식 번역기술은 나중에 샤프전자의 IQ3000에 접목되어 큰 성공을 거두었다. 그는 자신이 꿈꾸었던 경제학까지 전공한 다음 '공부를 마치면 귀국하겠다'는 부모와의 약속을 지키기 위해 일본으로 귀국했다. 그리고 1년간

사업을 구상한 뒤 1981년 현재의 소프트뱅크사를 설립했다.

손정의는 자신이 원하는 일에는 집요한 실행력을 보였다. 고등학교 진학 때도 그렇다. 당시 명문 고등학교에 진학하고 싶었지만 성적이 턱없이 부족했다. 학원에 등록하려 하자 학원에서는 성적이 부족하다면서 아예 등록도 시켜 주지 않았다. 학원을 다니고 싶었던 손정의는 급기야 전교 1등의 어머니를 찾아가서 학원 관계자에게 추천 좀 해 달라고 부탁했다. 손정의가 집요하게 요청하자 결국 친구의 어머니는 직접 학원을 찾아가서 손정의가 학원에 등록할 수 있도록 도와주었다. 학원을 다니게 된 손정의는 결국 자신이 원하던 구루메 부설고등학교에 입학하고야 말았다.

손정의는 어린 시절부터 스스로 목표를 정하고 그 목표를 이루기 위해서 노력하고 인내하는 사람이었다. 그는 10대 시절 이미 50년 인생계획을 세웠다.

"20대에 사업을 시작하고 30대에는 1,000억 엔의 사업자금을 번다. 40대에는 1조 엔의 규모로 투자를 하고 50대에는 수확을 거둬들이고 60대에는 후계자를 세우겠다."

이렇듯 손정의는 스스로 목표를 세우고 이를 이루는 과정에서 자신의 능력을 꾸준히 발전시켰다. 집요한 실행력의 뒤에는 남들이 아무리 무모하다고 말려도 자신이 믿는 일에 모험을 거는 대담함이 있었다. 무엇인가를 결정하기 전까지는 장시간 심사숙고하는 대신 무엇인가를 결정하고 나면 뒤돌아보지 않고 전속력으로 앞을 향해 나아갔다. 집요한 실행력이 오늘의 그를 만든 것이다.

열심히 공부했는데 마음먹은 대로 성적이 나오지 않았다고 풀 죽어 있는 친구들이 있다. 실망하고 좌절하며 '왜 모든 것이 나를 도와주지 않느냐'라고 소리치고 싶을 것이다. 그러나 주위 환경을 원망하기 전에 먼저 자신의 내면에 질문을 던져 보아야 한다.

"나는 정말 죽을힘을 다해 공부했는가?"

정말 죽을힘을 다해 노력했는지 돌아보아야 한다. '5분만 더, 10분만 더' 하며 잠의 유혹을 떨쳐 버리지 못하지는 않았는지, 다른 날 열심히 했으니 오늘 하루만 친구랑 놀지는 않았는지 생각해 보는 것이다. 그러고도 자신 있게 '열심히 공부했다'라고 말할 수 있다면 그때는 공부 방법을 점검해 보아야 할 것이다.

딱 한 번 열심히 공부하고 나서 성적이 오르길 기대하며 "이건 안 돼. 이것도 어려워.", "다들 내가 열심히 한 것을 알아

주지 않아 속상해."라고 불평만 하고 있지는 않은지 생각해 보자. 공부란 자기 자신을 위한 것이다. 공부를 열심히 해서 좋은 성적이 나와 부모님이 기뻐하시는 모습을 보고 싶은 것도 하나의 목적이 될 수는 있다. 그러나 스스로 목표를 세워 그것을 달성해 가면서 얻는 기쁨은 모두의 기쁨이 된다.

어린 손정의는 스스로 공부하겠다고 다짐했고 50년 인생계획을 세웠다. 좋은 고등학교에 들어가겠다는 목표도 미국으로 건너가 공부하겠다는 목표도 그가 직접 세운 것이다. 누가 시켜서 하는 공부였다면 그처럼 집요하게 행동할 수 있었을까?

만약 여러분이 아침 5시에 일어나야 한다고 가정해 보자. 이때 두 가지 경우를 생각해 볼 수 있다. 하나는 부모님이 시켜서 일찍 일어나는 것이고 다른 하나는 친구들과의 여행을 위해 새벽기차를 타야 하기 때문이다. 어느 경우에 망설임 없이 활기차게 일어날까? 물을 것도 없이 친구들과 여행을 갈 때다.

'나는 5시에 일어나기 싫어. 하지만 부모님 때문에 어쩔 수 없이 일어나야 해'라고 생각한다면 마지못해 억지로 며칠간은 실행할 수 있을지 모른다. '하기 싫은 일'은 그렇듯 열정을 불러 일으키지 못한다. 하지만 '하고 싶은 일'은 하늘과 땅의 차이만큼이나 다르다.

"난 정말 그렇게 하고 싶어."

"난 꼭 해내고야 말겠어."

누가 뭐라고 해도 꼭 해내고야 말겠다는 욕심은 강력한 동기가 된다. 그래서 새벽에 일어날 수 있게 하고 저녁 늦게까지 몰입할 수 있게 만든다. 남이 시켜서 한다면 고통이 될 만한 일들이 오히려 행복감을 가져다주는 것이다. 스스로 기쁘게 실행하기 위해서는 먼저 '하고 싶은 것', '하고 싶은 일'을 찾아야 한다. 즉, 목표가 분명할 때 손정의 식의 집요한 실행력이 발휘될 수 있다. 목표가 확실하면 사고방식, 행동양식이 달라진다. 그리고 사물을 다르게 보고, 시간을 다르게 활용한다.

여러분들은 선택을 해야 한다. 다른 사람에게 끌려가면서 툴툴거리는 인생을 살 것인가, 아니면 즐거운 마음으로 자신이 정한 목적지를 향해 여행할 것인가를. 모든 것은 자신의 선택에 달려 있다.

인생의
롤모델이 존재한다

사람을 존경하라,
그러면 그는 더 많은 일을 해낼 것이다.

– 제임스 오웰

열다섯 살 민기의 꿈은 부자가 되는 것이다.

"내 꿈은 그냥 부자가 아니라 빌 게이츠처럼 부자가 되는
거예요. 하고 싶은 것 다 하고 사는 거죠. 그리고 기부도 많이
해야죠."

민기는 TV를 보면서도 책을 읽고, 공부를 하면서도 음악을
듣고, 밥을 먹으면서도 게임을 한다. 부모는 어느 한 가지에 집
중하지 못하는 태도를 꾸짖는다. 그때마다 민기는 이렇게 대꾸
한다.

"빌 게이츠는 저보다 더했어요. 한 번에 여러 가지를 했다고요."

빌 게이츠는 머리 감는 것을 가장 싫어했다고 한다. 귀찮아서가 아니다. 머리를 감을 때는 다른 일을 할 수 없다는 것이 그 이유였다. 그만큼 그는 일 중독자였다. 민기는 빌 게이츠처럼 되기 위해 그가 했던 행동을 따라 하며 꿈을 키우고 있다.

민기와 동갑인 사촌 우영이도 부자가 되는 것이 꿈이다.

"우영이도 빌 게이츠처럼 부자가 되고 싶은 거야?"

"아니요. 저는 그냥…."

우영이는 그냥 부자가 되겠다는 생각 말고는 딱히 어떤 일을 하겠다는 목표가 정해져 있지 않다. 막연하게 부자가 되면 먹고 싶은 것, 가지고 싶은 것, 가고 싶은 곳을 다 갈 수 있다고 생각하는 것이다. 우리는 누구나 부자가 되고 싶어 하는 마음을 가지고 있다.

사람들은 왜 부자가 되고 싶어 하는 걸까? 부자가 되면 원하는 것을 다 할 수 있다고 생각하기 때문이다. 원하는 만큼의 돈이 있다면 최고급 레스토랑에서 맛있는 음식을 먹을 수 있고, 비행기 1등석을 타고 세계 어느 곳이든 원하는 곳에 갈 수 있다.

누군가는 이렇게 반론을 제기할 수도 있다.

"하지만 돈이 없어도 즐겁게 사는 사람들도 많잖아요. 돈이 많다고 해서 다 만족한 삶을 사는 건 아닌 것 같아요."

맞는 말이다. 어떤 사람은 돈이 없어도 즐겁게 살고, 없는 속에서도 남을 도우며 행복하게 산다. 반면에 어떤 사람은 돈이 많으면서도 마치 돈의 노예가 된 듯 더 모으기만 하느라 진정한 행복을 누리지 못하는 것도 사실이다. 즉, 즐거운 가난뱅이도 있고 우울한 부자도 많다. 하지만 돈이란 현명하게 사용하기만 한다면 선택의 여지를 넓혀 준다. 사람이 돈의 노예가 되는 것은 본인이 감당할 수 없는 수준을 넘어 생활하기 때문이다. 부자에 대해 좋지 않은 시선으로 바라보는 것은 그 때문이다. 그러나 부자가 되기 위해 그들이 어떤 삶을 살아왔는지 알게 된다면 무조건 좋지 않은 시선을 갖는 것이 얼마나 어리석은 일인지 알게 될 것이다.

부자가 되고 싶다면, 왜 부자가 되고 싶은지 확실한 목표를 설정하는 것이 중요하다. 부자뿐만이 아니다. 자신이 되고 싶은 분야, 하고 싶은 일에 대해 확실한 목표의식을 가지고 있어야 한다. 아직 목표를 정하지 못했을 수도 있다. 그렇다면 목표를 정하는 방법이 있다.

먼저 닮고 싶은 사람을 찾아보는 것이다.

'저 사람처럼 되었으면 좋겠다'

'난 저 사람이 하는 일을 했으면 좋겠는데…'

이렇게 닮고 싶은 사람이 있다면 그런 사람을 찾아 주의 깊게 지켜보는 것이다. 그 사람이 유명인이라면 인터넷을 검색해 최대한 많은 정보를 알도록 한다. 그러고도 부족하다면 메일을 보내는 방법도 있다. 그렇게 하는 것이 부끄럽다는 생각은 버려야 한다. 가장 필요한 조언을 해 줄 수 있는 사람이기 때문이다. 항상 멋진 면만 봐서는 안 되고, 그 사람이 어떻게 살아왔는지, 즉 직업과 관련되어 드러나지 않은 모든 것을 면밀히 살펴볼 수 있어야 한다.

만약 닮고 싶고 따라 하고 싶은 사람이 가까운 관계라면 직접 만나 이야기를 나눠 보도록 한다. 상상했던 것과 같은지 확인해 보는 것이다. 그 사람의 이미지에만 의존하지 말고 지금 하고 있는 일이 어떤 일이며 좋은 점들은 무엇이며 현재의 일에 만족하고 있는지 가능한 한 많은 이야기를 나눠 보는 것이다. 그렇게 알아본 후에도 그 사람이 사는 방식이 마음에 들어 따라 하고 싶다면? 그다음은 젊은 시절에 공부는 어떻게 했고, 어떻게 해서 지금의 위치에 설 수 있었는지 조사한다. 일상에 관한 많은 것들을 알아낼수록 구체적인 목표를 세우는 데 도움이 된다.

"관심사가 한둘이 아닌데요."

관심사가 여러 개라고 해서 걱정할 필요는 조금도 없다. 관심사는 여러 개일 수 있다. 그리고 딱히 어떤 것 하나가 다른 것보다 더 눈길을 끌지 않는 것도 자연스러운 일이다. 두루두루 관심과 열정을 가질 수 있기 때문이다. 이는 오히려 감사하게 생각해야 한다. 하나도 갖기 힘든 것을 여러 개 가지고 있으니 말이다. 관심사가 많을 땐 어떻게 탐색하고 어떤 것을 골라 집중해야 하는가.

관심사가 여럿일 땐, 여러 관심사들을 하나의 직업에 연결해 본다. 그래서 하나의 열정에 집중하는 것이다. 관심사들 사이의 유사점을 찾아내다 보면 하나로 모아지는 현상이 있다. 그런데도 하나의 직업과 연결시킬 만큼 두드러지는 것이 없다면 그중 가장 보수가 좋을 것 같은 쪽을 택하도록 한다. 그리고 나머지는 취미생활로 가져가는 것이다.

혹 관심사가 너무 많아 주변 사람들이 여러분을 괴짜라고 생각해도 위축될 필요는 없다. 남들이 자신을 다르게 생각하는 것을 오히려 칭찬으로 받아들여야 한다. 성공한 사람들 중 대다수의 사람들이 이른바 '괴짜'에 속했다. 그들은 상상력이 뛰어난 창조자들이었으며 강한 의지력의 소유자들이었다. 그들은 호기심이 많아 보통 사람들이 느끼는 좌절이나 실패에 대한 스트레스에 둔감했다. 그래서 실패를 빨리 잊고 즉시 도전할 수 있었던 것이다.

괴짜들은 남들이 하는 대로 따라 하는 규범에 순응하려고 전전긍긍하지 않았고, 오히려 자신들이 옳고 세상 사람들이 잘못되었다는 굳은 신념을 가지고 있었다. 보통사람들이 보기에는 말도 안 될 것 같은 계획을 세우며 머릿속에는 언제나 아이디어로 가득했다. 마치 취미생활을 하듯 일에 몰두하는 것이다.

그들은 실제로 보통사람보다 5년에서 10년 더 오래 살고, 평균적으로 더 건강하며 행복하고 똑똑한 것으로 나타났다. 그리고 실제로 이런 괴짜들에 의해 우리는 편안한 생활을 하고 있다. 괴짜들이 만들어 낸 문명의 혜택을 누리면서 말이다. 그러므로 다양한 관심사, 괴짜다운 열정을 추구하는 것은 문제가 되지 않는다. 오히려 다른 사람은 꿈도 꾸지 못하는 열정을 가지고 있음에 기뻐해야 한다. 인생의 보너스로 생각하고 자축할 일이다. 그 열정은 여러분이 상상하는 것 이상으로 먼 훗날 성취감을 맛보게 해 줄 잠재력이 될 것이다.

인생에서 닮고 싶은 사람, 즉 멘토를 찾아 따라 하는 것은 하나의 이정표를 찾은 것과 마찬가지다. 한참 걷다 보면 어느새 자신만의 의지와 투지도 생겨나고, 그 과정에서 진짜 자신이 원하는 일을 찾기도 한다.

여러분 가운데 다른 사람처럼 특별한 열정이 없거나 관심사는 많은데 특별히 두드러지는 분야가 드러나지 않는 사람이 있을 것이다. 그렇더라도 걱정할 필요는 없다. 그것은 지극히 자연스럽고 당연한 일이다. 시간이 흐르면 자신도 모르게 매료될 한 가지 관심사가 분명 나타난다.

CHAPTER 3

10대에게 들려주는
10가지 성공 습관

꿈과 목표_
성공을 부르는 강력한 에너지

미국의 첫 흑인 대통령 버락 오바마가 인도네시아 자카르타의 한 초등학교에 다니던 시절의 이야기다.

작문 시간에 선생님은 아이들에게 꿈에 대해 적고 발표하도록 했다. 대부분의 아이들은 '사업가', '훌륭한 과학자', '선생님', '엔지니어'가 되는 것이 꿈이라고 말했다. 하지만 오바마는 달랐다. 그는 당당하게 "제 꿈은 미국의 대통령이 되는 것입니다."라고 말했다.

그 순간 교실 안은 침묵에 휩싸였고 잠시 후 아이들은 키득 키득 웃기 시작했다.

"흑인이면서 어떻게 미국의 대통령이 된다는 거야?"

"오바마 쟤 좀 어떻게 된 거 아니야?"

모두들 이렇게 수군거렸지만 오바마는 주눅 들지 않았다. 꿈은 반드시 이루어진다는 것을 알았기 때문이다.

성공한 사람들은 하나같이 확고한 꿈을 가지고 있었다. 그들은 반드시 실현해야 할 꿈이 있었기에 어떤 시련이 따르더라도 좌절하지 않았다. 시련은 꿈을 이루기 위해 통과해야 할 하나의 과정이라고 생각했다.

꿈이 그냥 꿈으로만 끝나지 않기 위해서는 세 개의 구성요소가 필요하다. 깊은 열정을 가질 수 있는 것이어야 하고, 최고가 될 수 있는 일이어야 하며, 돈이 되는 일이어야 한다. 자신이 하는 일에 열정을 가질 수 없다면 그 일을 계속할 수 없다. 지속할 수 없다면 그 일에서 성과를 발휘할 수 없게 되고 얼마 못 가 포기하고 만다. 그래서 성공한 사람들은 "진정으로 자신이 좋아하는 일을 하라.", "지금 하는 일에 가치를 부여하라."라고 충고하는 것이다.

또 자신의 분야에서 최고가 될 수 있는 일이어야 한다. 누구나 그 분야에서 최고가 되기 위해 시간과 노력을 투자한다.

최고가 된다는 것은 그만큼 성공한다는 것을 뜻하기 때문이다. 아무리 열심히 해도 그 분야에서 최고가 될 수 없다면 땀 흘릴 가치가 없다. 그러니 우선 자신이 일에서 최고가 될 수 있는지, 없는지를 잘 판단해서 선택해야 한다. 마지막으로 자신이 좋아하는 일을 하더라도 돈이 되어야 한다. 사실 돈만큼 동기부여가 강한 것도 없다. 학생들이 죽을힘을 다해 공부하는 것도 자신이 원하는 직업, 직장을 갖기 위해서다. 쉽게 말해 경제적으로 윤택한 인생을 살기 위함이다. 물론 어떤 일이든 처음부터 돈을 많이 버는 건 아니다. 오랜 시간 그 분야를 공부하고 기초를 닦는 과정이 필요하다. 그렇게 해야 성과를 발휘할 수 있고 사람들이나 조직에서 인정을 받게 되는데 이때 자연히 물질적인 보상이 따르게 된다.

꿈은 아무리 강조해도 지나치지 않을 만큼 중요하다. 하지만 아무리 거창하고 원대한 꿈도 구체적인 목표가 뒷받침되지 않는다면 실현이 불가능하다. 예를 들어, 김연아와 같은 세계적인 피겨스케이팅 선수가 되고 싶은 꿈이 있다고 가정해 보자. 그렇다면 그 꿈을 이루기 위한 구체적인 목표가 있어야 한다. 먼저 국내 피겨스케이팅 대회에서 우승이라는 목표를 세우고 치열하게 연습하고 훈련해야 한다. 이런 목표들을 하나 둘 이루어 나갈 때 결국 꿈도 실현되는 것이다.

세기의 바이올리니스트로 손꼽히는 나탄 밀슈타인은 어릴 적 스승에게 곡 하나를 제대로 연주하려면 하루에 몇 시간이나 연습해야 하느냐고 물었다. 그러자 스승은 이렇게 말했다.

"아무 생각 없이 손가락만 움직이면 하루 종일 연습해도 모자란다. 하지만 온 신경을 연주에 모으고 손놀림 하나하나에 집중해 연습하면 2~3시간이면 족하다."

꿈과 목표가 있는 사람과 그렇지 않은 사람 간의 차이점은 확연하다. 전자는 자신의 목표를 이루기 위해 고도의 집중력으로 최선을 다한다. 목표들을 이루어야 꿈을 이룰 수 있기 때문이다. 하지만 후자는 실현해야 할 녹표와 꿈이 없기 때문에 자신의 일을 건성으로 하게 된다. 그러다 보니 같은 시간을 투자해도 결과는 하늘과 땅 차이로 벌어지는 것이다.

목표가 인생에 어떤 영향을 끼치는지에 대한 자료가 있다. 하버드 대학은 IQ와 학력, 자라 온 환경이 비슷한 사람들을 대상으로 재미있는 실험을 진행했다. 조사 대상자 가운데 27%는 목표가 없고, 60%는 희미하며, 10%는 단기적인 목표를 갖고 있었다. 명확하면서 뚜렷한 목표를 갖고 있는 사람은 3%에 불과했다. 이들의 삶을 25년간 추적 조사한 결과, 재미있는 사실을 발견했다. 명확하고 장기적인 목표가 있던 3%는 25년 후 대부분 사회의 주도적 위치에서 영향력을 행사하고 있었다. 하지만 단기적 목표를 지녔던, 10%에 속한 사람들 대부분은 중상위층에 머물렀다. 그들은 단기적 목표를 지속적으로 달성하며 안정된 생활 기반을 구축했고, 주로 의사, 변호사 등 전문직에 종사하는 경우가 많았다.

목표가 희미했던 60%는 중하위층에 속했다. 안정된 환경에서 일하고 있었지만 앞선 10%만큼 뚜렷한 성공을 거두지는 못한 것으로 나타났다. 그렇다면 목표가 없던 27%는 25년 뒤 어떤 삶을 살고 있었을까? 하나같이 취업과 실직을 반복하는 비참한 삶을 살고 있었다.

또 다른 자료가 하나 더 있다. 1953년 예일 대학교의 한 연구팀이 그해 졸업반 학생을 대상으로, 삶의 목표를 적어 놓은 종이를 가지고 있는 학생이 얼마나 되는지 조사했다. 그중 단 3%만이 글로 쓴 목표를 갖고 있었다.

20년이 지난 1973년 이들을 대상으로 추적 조사를 실시했다. 그런데 종이에 쓴 목표를 가지고 있던 3%가 나머지 97%의 재산을 합친 것보다 더 많은 돈을 벌었다는 조사 결과가 나왔다.

위의 자료를 통해 명확한 꿈과 목표가 성공하는 인생을 살기 위해 얼마나 중요한지 깨달을 수 있다. 그동안 나는 다양한 분야에서 성공한 사람들을 많이 만났다. 그들에게서 귀에 못이 박히도록 꿈과 목표의 중요성에 대해 들을 수 있었다. 그래서일까, 나는 강연에서 습관적으로 사람들에게 "꿈과 목표를 가져야 한다."라고 조언한다. 무엇보다 꿈과 목표가 성공하는 인생으로 이끌어 주는 견인차 역할을 해 준다는 것을 누구보다 잘 알기 때문이다.

지금부터 꿈과 목표를 가지고 한순간 한순간에 최선을 다하라. 이런 과정 속에 후회 없는 인생, 성공하는 인생을 살 수 있다.

끈기_
나 자신을 이기는 힘

재일 한국인 3세로 일본 제일의 부자가 된 손정의. 어린 시절 손정의는 '조센진'이라는 놀림을 받았고, 아버지에게서 일본에서는 선생님이 되고 싶다는 자신의 꿈을 이루기 힘들다는 말을 들어야만 했다. 이렇게 힘든 상황에서도 손정의는 환경을 탓하거나 원망하지 않았다. 오히려 강한 의지를 가지고 노력해서 보란 듯이 꿈을 이루어 갔다.

손정의는 미국 대학 유학시절에 이미 발명품을 만들었고, 소프트웨어 개발사인 '유니손 월드'를 설립했다. 일본으로 돌아와 소프트웨어 유통 사업으로 시작된 손정의의 도전은 인터넷까지 확장되었다.

항상 손정의의 도전이 성공만 했던 것은 아니다. 그는 위기가 올 때마다 좌절하기보다는 적극적으로 새로운 길을 찾고자 노력했다. 손정의는 현재에 만족하지 않고 늘 새로운 미래를 치밀하게 예측해 도전하는 사람이었다. 지금처럼 일본 제일의 부자가 된 것은 강한 끈기 덕분이다. 그는 마음먹은 일은 어떤 일이 되었건 목표를 성취해야 직성이 풀리는 사람이다. 그러한 열정과 끈기는 공부에서 빛을 발했다. 잠시 그의 홀리네임스 칼리지 때의 모습을 살펴보자.

1975년 9월, 손정의는 '제대로 한번 공부해 보자'라는 생각으로 홀리네임스 칼리지에 입학했다. 그는 가장 먼저 공부가 잘되는 환경을 만들기 위해 가구점에서 손잡이가 없는 커다란 문을 한 짝 사서 방에다 놓았다. 그리고 두 개의 철제 캐비닛 위에 문을 눕혀 책상을 만들었다. 그렇게 급조된 책상에 교과서, 사전, 참고서 등 공부에 필요한 갖가지 물건을 올렸다.

손정의는 세라몬티 고등학교 시절보다 더 치열하게 공부했다. 식사를 하거나 목욕을 할 때도 책에서 눈을 떼지 않았다. 운전을 할 때도 강연을 녹음한 테이프를 들었는가 하면, 차가 막힐 때는 즉시 책을 펼쳤다. 때로 책을 핸들 위에 올려놓고 한 손으로 운전하기도 했다. 그의 수면시간은 보통 3시간에서 5시간이었으며 그 외 시간은 공부에만 몰두했다.

캠퍼스를 다니는 손정의의 모습은 학생들 사이에 화제가 되었다. 등에 멘 노란 배낭은 엄청난 양의 책이 들어 있어 항상 불룩했고 커다란 주머니를 꿰매어 붙인 바지에는 펜 15자루가 꽂혀 있었다. 거기에다가 계산기와 자까지 들어 있었다.

손정의가 걸음을 옮길 때마다 '덜커덕' 하는 소리가 났다. 지나가는 학생들은 '쟤는 뭐 하는 녀석이지?' 하며 신기해 하는 눈빛으로 그를 쳐다보곤 했다.

한번은 손정의가 시험 전날 지독한 감기에 걸린 적이 있었다. 열이 너무 높아 일어나지도, 음식을 먹지도 못할 정도였다. 그런 힘든 상황에서도 그는 아픈 몸을 이끌고 무사히 시험을 치렀다. 그는 시험을 볼 수 있다는 것만으로도 행복하게 여겼다.

그날의 시험 점수는 그동안 그가 본 시험 성적 중에 가장 높았다. 손정의를 진찰한 의사는 놀란 표정으로 이렇게 말했다.

"감기가 이토록 심한데 어떻게 한 번도 병원에 오지 않았단 말인가요? 자칫하다가는 위험할 수도 있었어요."

재일교포로 열악한 환경에서 '소프트뱅크'라는 인터넷 회사를 세워 세계적인 기업으로 키운 손정의. 그가 지금처럼 성공할 수 있었던 것은 한 가지 일을 진득하게 해내는 끈기 덕분이다. 그래서 그는 종종 사람들에게 끈기의 중요성에 대해 이렇게 말한다.

"사람은 지혜롭기만 해선 안 됩니다. 우직할 정도로 한 우물을 팔 줄 아는 근성이 없으면 큰 인물이 될 수 없습니다."

아무리 능력이 뛰어나고 똑똑하더라도 끈기가 없으면 성공할 수 없다. 우리 인생에는 수많은 변수들이 숨어 있다. 처음에는 잘되다가도 시간이 지나면서 어긋나는 계획과 일들이 비일비재하다. 이때 끈기가 없는 사람은 그대로 무너지고 만다. 하지만 강한 끈기로 무장한 사람은 낭상은 잘되지 않더라도 묵묵히 최선을 다한다. 결국에는 자신의 뜻을 이루고 만다. 마치 '강철 왕' 앤드루 카네기처럼.

미국에 앤드루 카네기라는 사람이 있었다. 그는 '카네기 철강'의 창업자로 자신의 이름보다 '철강 왕'으로 더 잘 알려져 있다. 카네기는 가난한 스코틀랜드 이민자 출신으로서 미국에서 막대한 부를 일궈 낸 사람이다. 그는 자신의 재산을 자신보다 어려운 사람을 돕는 데 쓴 기업가이기도 하다.

어린 시절 그는 가난한 탓에 정규교육을 받지 못했다. 어려서부터 방적공장, 전신기사, 전보배달원, 기관사 조수 등 여러

직업을 전전해야 했다. 열여덟 살 때 펜실베이니아의 철도회사에 입사해 12년 동안 근무하면서 운송회사, 석유회사, 철도기기 제조회사 등에 투자해 많은 돈을 벌었다. 그리고 마침내 세계 최대의 철강회사인 '카네기 철강회사'를 설립했다.

카네기는 자신이 벌어들인 돈 가운데 3억 3,200만 달러를 기부했다. 그리고 1919년 84세를 일기로 세상을 떠나면서 '카네기주식회사'에 남아 있는 자신의 자선신탁재산 전부를 사회에 환원했다.

사람들은 그의 성공을 보며 그에게 특별한 능력을 있었기 때문이라고 생각한다. 하지만 그는 보통사람들과 다를 바 없는 아주 평범한 사람이었다.

그렇다면 앤드루 카네기가 그토록 크게 성공할 수 있었던 힘은 무엇일까? 바로 지칠 줄 모르는 '끈기'였다. 그는 온갖 힘든 일을 하면서도 포기할 줄 몰랐다.

"끈기 있는 새우가 고래를 잡는다."라는 말이 있다. 어떤 일을 하더라도 끈기를 가지고 될 때까지 해 보는 습관을 가져 보라. 끈기는 처음에 불가능해 보였던 일도 가능하게 만드는 힘을 가지고 있다.

공부할 때도 끈기를 가지고 최선을 다해 보자. 그리고 자신에게 주어진 일을 건성으로 하지 말고 사력을 다해 보자. 분명 그런 사소한 모습들이 훗날 성공의 기반이 되어 줄 것이다.

열정_
내면에 잠든 거인을 깨우는 에너지

세상에는 자신의 분야에서 최고가 된 사람들이 있다. 비틀스, 베이브 루스, 존 크리시, 에디슨, 루스벨트, 김연아, 최경주, 강수진 등이다. 이들에게는 한 가지 공통점이 있다. 바로 자신의 일에 열정을 가지고 있다는 것이다.

그들 가운데 베이브 루스와 강수진을 보자.

베이브 루스가 홈런왕이 되기까지 어떤 노력을 기울였는지 보여 주는 일화가 있다.

그는 날아오는 야구공의 실밥까지 뚜렷이 보며 공을 칠 수 있었다고 한다. 가만히 있는 공도 아니고 날아오는 공의 실밥을 볼 수 있었던 것은 남다른 시력을 가졌기 때문이 아니었다.

팀 동료들 사이에 지독한 연습벌레로 알려졌던 베이브 루스. 그가 며칠 동안 연습에 빠진 일이 있었다. 동료들은 혹시 그가 아픈 것이 아닌가 걱정이 되어 그를 찾아갔다. 그런데 방 안에서 음악이 흘러나오고 있었다. 그는 음악에 흠뻑 빠져 친구들이 들어온 것도 모른 채 마치 홈런을 치기 전의 자세로 온 신경을 집중하고 레코드판을 노려보고 있었다. 그 모습에 놀란 동료들은 한참이나 숨을 죽이고 바라보다 그의 이름을 불렀다. 너무 집중해서인지 몇 번이나 부르고 나서야 그는 동료들을 알아보고 반기는 것이었다.

동료들이 걱정스럽게 물었다.

"베이브, 지금 연습을 빠져 가며 한가하게 음악이나 듣고 있을 때인가? 도대체 지금 뭐 하는 거야?"

베이브가 멋쩍게 웃으며 말했다.

"실은 지금 홈런을 치는 연습을 하고 있었어. 공을 제대로 치기 위해서는 날아오는 공을 정확히 볼 수 있어야 하거든. 그래서 돌아가는 레코드판의 바늘 끝을 공이라 생각하고 따라가고 있었지. 처음에는 회전이 빨라 바늘 끝을 놓치기 일쑤였고,

어지러워 속이 울렁거리기도 했지만, 어느 순간부터 음반의 회전이 느리게 느껴지고 바늘 끝을 놓치지 않게 되었어."

위의 일화를 통해 야구를 향한 베이브 루스의 열정을 느낄 수 있다. 발레리나 강수진이 지금처럼 세계적인 발레리나가 될 수 있었던 힘도 바로 뜨거운 열정이었다.

강수진은 지독한 연습벌레로 알려져 있다. 그녀가 한 해 신은 토슈즈가 무려 250켤레에 달한다. 남들이 2~3주 신는 토슈즈를 하루에 네 켤레나 갈아 신은 적도 있다. 보통 하루에 19시간씩 연습을 함으로써 꾸준히 실력을 쌓아 나갔다.

강수진은 언젠가 이렇게 말한 바 있다.

"20여 년 발레를 했지만 지금도 공연이 끝나면 제대로 걸을 수 없을 정도로 발에 통증이 와요. 그런데 발레는 참 희한한 마술이에요. 토슈즈를 신고 무대에 서면 통증을 못 느끼는데 끝나면 발이 아파요. 연습할 때도 통증을 느껴요. 공연할 때는 몰입이 되기 때문에 아픈 것도 잊어버리죠."

국어사전에 열정은 '어떤 일에 열렬한 애정을 가지고 열중하는 마음'이라고 설명되어 있다. 그 일이 재미있고 즐거워서 시간 가는 줄 모르고 하게 하는 힘이 열정이다. 따라서 일에 열정을 가지게 되면 시간이 지남에 따라 자연히 더욱 잘하게 된다. 그래서 자신의 분야에서 최고가 되거나 달인이 된 사람들은 지금 하는 일에 열정을 다한다.

사람들 가운데 마지못해 일을 하는 사람들이 있다. 이런 사람들은 아무리 시간이 흘러도 성공할 수 없다. 오히려 시간이 지날수록 자신의 입지가 위태로워진다. 열정이 없는 사람은 그만큼 노력하지 않을 것이고, 노력하는 누군가에 의해 도태되기 때문이다.

공부나 일을 할 때 열정을 가지고 해야 한다. 그래야 대충대충 하지 않는다. 비록 귀찮고 몸이 힘들더라도 열정이 있기 때문에 남들보다 더 잘하고 싶어진다. 그 결과 자신의 부족한 부분을 보완하고 강점을 더욱 강화하게 된다. 이것이 바로 성공하는 사람들의 성공 비결이다.

미국 워싱턴 위저즈에서 농구선수로 활약하고 있는 길버트 아레나스. 그는 무명시절부터 수많은 경기를 통해 상대 팀 선수들의 장점을 배우려고 노력했다. 그 결과 NBA에 없어서는 안 될 '최우수 선수'로 명성이 높다.

193센티미터의 아레나스는 농구를 좋아했지만 오랜 시간 동안 주목받지 못했다. 애리조나 대학에 다닐 당시 자신의 경기를 일일이 녹화해 장점과 단점을 분석했다. 그런 과정을 통해 자신의 약점을 보완하고 강점을 더욱 강화시켜 나갈 수 있었다. 노력 끝에 NBA에 입단할 수 있었다. 하지만 첫 1년 동안 대부분의 시간을 벤치에 있어야 했다. 당시 그의 등번호는 0번이었는데 사람들은 그를 보며 0번의 서주를 받았다며 비웃기까지 했다.

사람들의 비웃음에 아레나스는 반드시 벤치 신세를 면하겠다고 마음속으로 다짐했다. 시간이 갈수록 사람들의 질책은 그를 힘들게 했고, 예민해진 그는 동료들과 어울리지 못했다. 그런 그를 보며 사람들은 아레나스가 얼마 지나지 않아 NBA를 떠날 것이라고 생각했다.

"아레나스는 왕따야. 얼마 안 있어 포기하고 말걸."

"아마 그럴 것 같아. 1년 동안 벤치만 지키고 있는데 농구할 맛이 나겠어?"

하지만 아레나스는 끝까지 농구를 포기하지 않았다. 오히려 농구를 향한 열정이 더욱 뜨겁게 불타올랐다. 사람들이 보지 않는 곳에서 점프와 슛 연습을 하는 등 쉬지 않고 기량을 갈고 닦았다. 그리고 벤치에서도 멍하니 앉아 있기보다는 동료와 상대 선수들의 특징을 유심히 관찰했다. 특히 상대 선수들의 장점을 머릿속에 각인시켰다.

'그렇지, 저 동작에서는 저런 포즈를 취해야 하는 거구나!'

비록 직접 코트에서 뛰진 못했지만 아레나스는 포기하지 않고 꾸준히 노력했고, 점점 실력이 나아지고 있었다.

그러던 어느 날부터인가 그가 속한 팀의 성적이 나빠지기 시작했다. 드디어 그에게도 기회가 찾아왔다. 그동안 주목받지 못한 그는 팀이 슬럼프에 빠졌을 때 영웅처럼 등장해 코트에서 맹활약하기 시작한 것이다. 출전시간도 경기당 35분에 달했는가 하면, 82경기에 모두 출전해 경기당 평균 18.3득점을 올렸다. 그 결과 아레나스는 'NBA 기량발전상(MIP)'의 주인공이 되는 기쁨을 누리게 되었다. 벤치를 지키는 신세였을 때 쉬지 않고 기량을 갈고닦은 것이 빛을 발했던 것이다.

이듬해 아레나스는 한 경기에서 혼자 30득점을 하며 농구 코트를 자신의 독무대로 만들었다. 그렇게 그는 두 시즌 만에 NBA에 없어서는 안 될 최우수 선수로 입지를 굳혔다.

공부건 일이건 열정을 가지고 하다 보면 다 잘하게 되어 있다. 반에서 1,2등을 하는 우등생이 공부하는 모습을 유심히 지켜보면 알 수 있다. 공부에 얼마나 뜨거운 열정을 가지고 있는지를. 직장에서도 마찬가지다. 동료들보다 업무 능력이 탁월해 상사로부터 인정받는 사람 역시 일에 남다른 열정을 가지고 있다. 그러다 보니 '어떻게 하면 일을 더 잘할 수 있을까?', '어떻게 하면 좀 더 빨리 일을 마무리할 수 있을까?' 고민한다. 이런 남다른 열정이 남다른 결과로 이어지는 것이다.

노력_
더 큰 나를 만드는 힘

그동안 나는 성공한 사람들의 성공 비결을 담은 책을 쓰고 강연을 하면서 많은 사람들을 만날 기회가 있었다. 그때 성공한 사람들과 그렇지 않은 사람들의 차이점을 알 수 있었다. 전자는 지독한 노력파들이지만 후자는 인생을 대충대충 살고 있었다. 결국 인생을 대하는 태도가 그들을 성공한 인생과 평범한 인생으로 구분 짓게 했던 것이다.

노력은 '더 큰 나를 만드는 힘'이다. 아무리 가진 것 없고 특별한 능력이 없더라도 지금보다 더 잘하기 위해 꾸준히 노력하면 된다. 그럼 분명 자신의 분야에서 최고가 될 수 있다. 현재 성공한 사람들 역시 과거에는 누구보다 힘들고 초라한 인생을 살았다. 하지만 그들은 꿈을 가졌고 그 꿈을 이루기 위해 지독한 노력을 기울였다. 그 결과 꿈이 이루어졌고 눈부신 인생을 살 수 있게 된 것이다.

2002년 10월, 세상을 깜짝 놀라게 한 일이 있었다. 박사학위 하나 없는 일본의 무명의 엔지니어가 노벨 화학상을 수상했던 것이다. 노벨상의 주인공은 다나카 고이치라는 평범한 회사원이었다.

다나카 고이치는 자신의 수상 소식이 믿기지 않아 노벨상선정위원회에 전화해 자신의 수상 여부를 물어보기까지 했다. 그는 사람들에게 "자신의 업적은 우연한 행운"이라고 말할 정도로 겸손한 사람이었다.

그는 교토 시마즈 제작소 생명과학연구소의 실험 연구원으로 일하고 있었다. 그는 어린 시절부터 실험을 좋아했다. 연구원으로서 실험을 계속하고 싶었던 그는 남들이 모두 매달리는 승진 시험에는 전혀 관심이 없었다. 동료들은 그런 그를 보며 뒤에서 비아냥거리곤 했다. 번번이 승진 시험에서 떨어져 말단 연구원 신분이었지만 그는 무엇보다 실험을 계속할 수 있어 행복했다.

자신이 좋아하는 실험의 결과로 노벨상을 받게 되었고, 그는 시상식에서 할머니에게 노벨상의 영광을 돌렸다.

"제가 노벨상을 수상할 수 있었던 것은 모두 할머니 덕분입니다."

어린 시절 그는 할머니 혼자서 여섯 식구를 먹여 살려야 할 정도로 무척 가난했다. 그래서 할머니는 손자들에게 입버릇처럼 절약을 강조했다. 청소하면서 쓰레기를 버릴 때에도 할머니는 이렇게 말했다.

"얘야, 못 쓰는 물건이라도 함부로 버려선 안 된단다. 언젠가 꼭 유용하게 쓰일 때가 있게 마련이지. 지금 당장 쓸모없어노 간직하는 습관을 가져야 한단다."

어느 날, 그는 실험 도중 아세톤을 섞어야 하는 금속 나노 입자에 글리세린을 붓는 실수를 하고 말았다. 하지만 그가 나노 입자와 글리세린 화합물을 버리려 할 때 할머니의 말씀이 떠올랐다고 한다.

"비록 실패한 실험이지만 결과를 기록으로 남기자."

그는 실패한 실험일지라도 내일을 위해 그 결과를 기록으로 남기는 것이 좋겠다고 생각했다. 그래서 화합물을 분석하고 질량을 측정했다. 그때 놀라운 일이 일어났다. 자신이 지금까지 얻지 못했던 미세한 화학 분자의 질량 값을 얻게 된 것이다.

평범한 회사원이었던 다나카 고이치가 노벨 화학상을 받을 수 있었던 것은 성실함, 즉 노력 덕분이었다. 만약 그가 노력하지 않았다면 그런 기쁨을 누릴 수 없었을 것이다. 이처럼 노력하는 사람에게는 반드시 그에 비례하는 보상이 따른다.

영국이 낳은 가장 뛰어난 미생물학자로 손꼽히는 알렉산더 플레밍. 그는 페니실린을 발견한 미생물학자이기도 하다. 페니실린은 사람들에게 '기적의 약'으로 잘 알려져 있다. 폐렴을 비롯한 세균성 질환을 앓고 있던 수많은 사람들의 생명을 구하고 새로운 희망을 안겨 주었다.

페니실린을 발견한 알렉산더 플레밍의 연구실은 매우 열악했다. 창문의 유리창은 오래전에 깨져 바깥에 있는 먼지가 그대로 들어왔다. 먼지 때문에 그는 종종 재채기를 하곤 했다. 이런 힘든 환경에서도 그는 곰팡이에 대한 연구를 조금도 게을리하지 않았다.

어느 날 그는 깨진 창문을 통해 날아온 곰팡이의 포자를 현미경으로 관찰하고 있었다. 그때 중요한 사실을 발견하게 되었다.

'아니, 이럴 수가! 해답은 바로 곰팡이였어!'

곰팡이에 페니실린의 원료가 숨어 있었던 것이다. 이 연구를 토대로 페니실린을 만들기 위해 밤낮없이 노력했다. 그리고 마침내 그는 수많은 사람들의 목숨을 살린 페니실린을 사용할 수 있는 약으로 개발한 것이다.

몇 년이 흐른 어느 날, 한 친구가 플레밍의 연구실을 방문하게 되었다. 친구는 깜짝 놀란 표정을 지으며 말했다.

"자네, 정말 대단해! 이렇게 초라한 연구실에서 페니실린을 발견하다니…"

친구는 이어서 말했다.

"하지만 안타까운 마음을 지울 수 없다네. 만약 자네에게 이보다 더 뛰어난 환경이 주어졌더라면 더 위대한 업적을 이루었을 텐데…"

그러자 플레밍은 웃으며 말했다.

"아냐, 절대 그렇지 않아. 이 초라한 연구실이 페니실린을 발견하게 해 주었다네. 창틈으로 날아온 먼지가 바로 페니실린의 재료가 되었기 때문이지. 중요한 것은 좋은 환경이 아니라 포기하지 않고 노력하는 자세일세."

세상에서 노력해서 안 되는 일은 없다. 처음부터 안 된다고 믿고 노력하지 않기 때문에 안 되는 것이다. 에디슨이 전구를 발명하고, 그레이엄 벨이 전화기를 발명할 수 있었던 것은 운이 좋아서도, 뛰어난 능력 때문도 아니었다. 숱한 시행착오를 거치면서도 노력하는 자세를 잃지 않았기 때문이다.

여러분은 지금 인생에서 가장 중요한 시기를 살고 있기에 누구보다 노력하는 자세를 가져야 한다. 지금의 노력 여하에 따라 미래가 달라지기 때문이다. 비록 고통스럽고 힘들더라도 장밋빛 미래를 위해 좀 더 노력해 보라. 분명 지금 쏟는 땀과 노력이 몇 백 배의 보상이 되어 돌아올 것이다.

05

습관_
나를 변화시키는 힘

모든 사람은 신으로부터 공평하게 성공 씨앗을 부여받는다. 그런데 어떤 이는 성공하고 또 어떤 이는 힘든 인생을 산다. 무엇이 사람들을 두 부류로 나뉘게 하는 것일까? 많은 이유 가운데 '습관'을 꼽을 수 있다. 성공한 사람들은 성공하는 습관을 가지고 있다. 따라서 시간이 지날수록 더욱더 큰 성공을 성취하게 된다. 습관이 성공을 돕기 때문이다.

실패한 사람들은 실패하는 습관을 가지고 있다. 그들은 자신이 가진 습관 때문에 일이 꼬이고 실패하게 된다. 잘할 수 있는 일마저 나쁜 습관 때문에 망치게 되는 것이다.

세상에는 성공을 이루는 방법이 수없이 많다. 성공한 사람들을 만나 보면 그들이 비교적 간단한 방법으로 성공했다는 것을 알 수 있다. 무엇보다 그들에게는 좋은 습관, 즉 성공하는 습관이 몸에 배어 있었다.

꿈을 향해 도전하는 습관, 실천으로 꿈을 향해 나아가는 습관, 잠자는 아이디어를 깨우는 습관, 천재를 이기는 끈기를 가지는 습관, 실패를 인생 참고서로 생각하는 습관, 배려로 사람들의 마음을 얻는 습관.

이런 습관들은 사람들과 원만한 관계를 형성하는 데 도움이 되고, 실패를 통해 깨달음을 얻을 수 있게 한다. 또 절망하고 좌절할 때 새로운 기회의 문이 열리게 해 준다. 성공하는 습관은 결정적인 순간에 기회를 낳는 거위가 되어 주는 것이다.

러시아의 대문호 도스토옙스키는 "습관이란 인간으로 하여금 그 어떤 일도 할 수 있게 만들어 준다."라고 말했다. 좋은 습관을 가진 사람은 어디에서 어떤 일을 하더라도 성공하게 되어 있다.

진희정은 《운명을 바꾸는 작은 습관》에서 "성공한 이들과 나와의 차이점은 과연 무엇인가. 오랜 고민 끝에 얻게 된 가장 큰 결론은 역시 습관에 있었다. 그것도 사소하다고 생각해 지나치고 말았을지도 모를 '습관'이 성공을 만드는 가장 큰 원동력 가운데 하나란 사실이었다."라고 말한 바 있다.

그녀는 저서에서 빌 게이츠가 성공할 수 있었던 것은 '성공 습관' 때문이라고 말한다.

"아직 성공을 거두기 전, 청년 빌 게이츠의 습관 중 하나는 예의가 바르다는 점이었다. 당시 IBM에서는 개인용 컴퓨터에 사용할 소프트웨어를 찾고 있었는데, 이미 다른 유명한 소프트웨어 회사와 접촉한 적이 있었다. 그러나 IBM의 이사가 방문했을 때 그 소프트웨어 회사 사장은 무례하게 얼굴조차 보이지 않았다. 이에 마음이 상한 IBM의 이사는 이름도 없는 마이크로소프트를 찾아갔고 그곳에서 정장 차림을 한 예의 바른 빌 게이츠를 만났다. 사람에게 예의 바르게 대하는 작은 습관은 그가 성공할 수 있는 출발점이 되었다."

사람들 가운데 예의도 바르지 않은 데다 나쁜 습관들만 가진 사람이 있다. 이런 사람은 하는 일마다 실패하고 만다.

한 남자가 오래된 책을 읽다가 귀한 보석에 관한 글을 발견했다. 세상에 단 하나뿐인 그 보석은 너무 크지도, 작지도 않지만 그 가치는 돈으로 매길 수 없다고 쓰여 있었다.

책에는 보석을 찾는 방법이 쓰여 있었다. 어느 바닷가에 가면 그 보석이 자갈 속에 섞여 있으며, 크기와 색깔도 자갈과 비슷하지만 한 가지 차이점이 있다고 했다. 자갈은 차갑지만 보석은 따뜻하다는 것이다.

남자는 바로 짐을 싸서 보석이 있다는 바다로 떠났다. 그리고 바닷가에 천막을 치고 앉아 자갈 하나하나를 손에 쥐어 보았다. 남자는 돌이 차가우면 곧장 바다로 던져 버렸다. 그렇게 하루, 일주일, 한 달, 1년이 흘렀다. 이제 그는 바닷가에 앉아서 자갈을 만져 보고 던지기를 습관처럼 되풀이하고 있었다. 그러나 여전히 뜨겁게 느껴지는 돌은 없었다. 다시 1년이 흘러갔다. 이제 그는 신경질적으로 돌을 바다에 던지고 있었다.

그러던 어느 날 아침, 남자는 돌 하나를 쥐고 "아! 따뜻하구나!"라고 외쳤다. 그러나 남자는 습관적으로 그 돌을 바다에 던져 버리고 말았다.

남자는 잘못 길들여진 습관 때문에 힘들게 찾은 보석을 바다에 던져 버리고 만 것이다. 이처럼 습관은 중요한 역할을 한다. 그러니 항상 좋은 습관을 가지도록 노력해야 한다. 좋은 습관은 나쁜 습관에 비해 귀찮고 힘들게 여겨진다. 그렇더라도 좋은 습관에 익숙해져야 한다. 성공하는 인생으로 이끌어 주는 것은 나쁜 습관이 아니라 좋은 습관이기 때문이다.

처음부터 좋은 습관을 가지려고 노력하라. 그러면 나중에 나쁜 습관을 고치기 위해 고생할 일도 없다. 오래된 습관은 여간해서 고치기가 쉽지 않다. 다음 이야기를 보자.

어떤 스승이 제자를 가르치기 위해 세 그루의 나무를 보여주며 한번 뽑아 보라고 말했다. 첫 번째 나무는 심은 지 얼마 되지 않은 나무인지라 손쉽게 뽑을 수 있었다. 두 번째 나무는 1년 된 나무였는데, 뽑기는 했지만 온몸에 힘이 다 빠질 만큼 힘들었다. 그런데 문제는 세 번째 나무였다. 그 나무는 이미 심은 지 오래된지라 뿌리가 깊어 아무리 애를 쓰고, 힘을 들여도 도저히 뽑을 수가 없었다.

한참 동안 애를 쓰던 제자가 스승을 향해 말했다.

"선생님, 이 나무는 심은 지 오래되어서 도저히 제 힘으로는 뽑을 수가 없습니다!"

그 모습을 지켜보던 스승이 제자를 향해 다음과 같이 말했다.

"사람의 습관이란 것도 이와 같은 것이다. 선이든, 악이든 습관이 되고 그 습관이 오래되면 그만큼 뽑기가 어려운 법이다."

영국 런던 대학의 제인 워들 교수는 습관의 중요성에 대해 이렇게 언급했다.

"개인 차이가 있기는 하지만 66일 동안 매일 같은 행동을 반복하면, 그 뒤에는 같은 상황이 주어질 경우 자동적으로 반응하며 행동하게 된다."

사, 귀찮고 힘들어도 미래를 위해 습관을 개선해 보자. "행동이 변하면 습관이 바뀌고 습관이 변하면 인격이 바뀌고 인격이 변하면 운명이 바뀐다."라는 말이 있다. 즉, 여러분의 미래는 지금 가진 습관에 의해 좌우된다는 뜻이다. 공부도 중요하지만 좋은 습관, 성공하는 습관을 가지는 것도 중요하다는 것을 기억하길 바란다.

도전_
한계를 뛰어넘어 목표를 이루는 힘

'피겨요정' 김연아, '산소탱크' 박지성, '토크쇼의 여왕' 오프라 윈프리, '바람의 딸' 한비야, '노바디'의 원더걸스, '하루하루'의 빅뱅….

세상에는 성공한 사람들이 많다. 그들은 자신의 분야에서 최고가 되었거나 꿈을 이룬 사람들이다. 그들을 보면 부럽다는 생각마저 든다. 그리고 이런 다짐도 하게 된다.

"나도 최선을 다해 꿈을 이룰 거야."

"언젠가 나도 보란 듯이 성공할 거야."

"반드시 내가 꿈꾸는 인생을 살 거야."

이렇게 다짐을 하고 목표를 세운 사람은 성공하는 인생을 살 확률이 높다. 성공한 사람들의 모습을 보며 자신도 그렇게 되기 위해 열심히 살 것이기 때문이다.

나는 그동안 많은 성공자들의 성공 비결을 인터뷰했다. 그리고 그들의 성공 비결을 담은 책을 여러 권 출간했다. 이런 과정을 통해 실패한 사람들의 공통점을 알게 되었다. 그것은 바로 '도전'을 하지 않는다는 것이다. 그들은 좋은 아이디어나 계획이 있어도 머릿속으로만 생각할 뿐 행동으로 옮기지 못했다. 실패할까 봐 두려워하기 때문이다.

"괜히 나섰다가 실패하면 어쩌지?"

"혹시 일이 잘 안 되어 지금까지 힘들게 모아 놓은 돈을 다 까먹게 되는 건 아닐까?"

"실패하면 사람들이 나를 보며 비웃겠지."

이런 두려움은 충분히 해낼 수 있는 일조차 포기하게 만든다. 결국 어제와 같은 오늘, 오늘과 같은 내일을 되풀이하게 되는 것이다.

성공한 사람들은 시련을 두려워하기보다 즐겼던 사람들이다. 도전을 통해 좀 더 나은 하루하루를 창조했던 사람들이다.

그들은 시련을 좀 더 나은 인생을 살게 도와주는 '인생의 스승'이라고 생각했다. 그랬기 때문에 넘어져도 오뚝이처럼 다시 일어나 도전할 수 있었던 것이다.

'네티즌이 만나고 싶은 사람 1위', '닮고 싶은 여성 2위', '평화를 만드는 100인' 등에 선정되었던 한비야.

한비야는 어릴 때 아버지가 사다 주신 세계지도를 펼쳐 놓고 나라 찾기, 도시 찾기에 흠뻑 빠졌다. 그녀는 어느 날 쥘 베른의 《80일간의 세계일주》를 읽고 비행기를 타지 않고도 80일 만에 세계를 한 바퀴 돌 수 있을 만큼 세계가 작다는 것을 깨달았다.

그때 그녀는 아버지에게 이렇게 말했다.

"아버지, 전 어른이 되면 꼭 세계일주를 할 거예요."

한비야는 아버지가 돌아가신 뒤 의기소침해진 어머니의 모습을 자주 보았다. 그럴 때마다 어머니를 즐겁게 해 줄 수 있는 방법을 고민했다. 하루는 어머니가 친구들과 통화를 하면서 한비야가 공부를 잘한다고 은근히 자랑하시는 것을 보게 되었다. 그때 그녀는 '공부를 잘하면 어머니가 행복해 하시는구나'라고 생각했다. 그래서 그녀는 대학에 진학하고자 했다. 하지만 그녀는 대학에 떨어지고 말았다. 그 후 좌절에 빠져 다른 일은 하지 않은 채 6년 동안 시간만 보냈다.

그러다 얼마 후 다시 대학에 가야겠다고 다짐했다. 그 이유는 고등학교를 졸업한 사람의 아르바이트 수당이 대학을 졸업한 사람의 반밖에 안 된다는 것을 알았기 때문이다. 또 남자친구의 어머니가 고등학교만 나온 그녀를 은근히 무시하는 태도를 보였기 때문이었다.

한비야는 그렇게 다시 공부를 시작했고 마침내 원하는 대학에 들어갈 수 있었다. 그때 그녀는 '문이란 열릴 때까지 두드려야 한다'는 사실을 알게 되었다.

대학 졸업 후 그녀는 세계적으로 유명한 국세 홍보회사에서 근무하게 되었다. 하지만 어린 시절의 꿈 '세계일주'를 위해 회사를 그만두고, '이란, 아프가니스탄, 우즈베키스탄, 터키, 탄자니아, 에티오피아, 이집트, 요르단, 시리아, 러시아' 등을 배낭여행 했다. 그리고 자신의 세계여행 경험을 책으로 펴내 베스트셀러 작가가 되기도 했다.

어느 날 그녀는 중국어를 배워야겠다는 생각이 들었다. 그녀가 중국어를 배우겠다고 했을 때 많은 사람들이 그 나이에 중국어를 배워 어디에 써먹겠느냐며 말렸다. 하지만 그녀는 사람들의 만류에도 아랑곳하지 않고 결심을 실천에 옮겼다.

그녀는 1년 안에 중국의 신문을 사전 없이 60% 정도 이해

할 만한 수준으로 중국어를 배우겠다는 다부진 계획을 세우고 베이징으로 떠났다. 매일 학교와 학원을 오가며 중국어를 배우고 베이징 곳곳을 누비며 다녔다. 그 후 그녀는 국제구호개발기구 '월드비전'의 긴급구호팀장으로서 어려운 나라들을 돌아다니며 봉사활동을 펼쳤다.

한비야는 현재 더 큰 꿈을 향해 나아가고 있다. 그녀가 지금과 같은 멋진 인생을 살 수 있었던 것은 거침없는 '도전' 때문이다. 도전은 그녀의 부족한 부분을 보완해 주었고 그리하여 지금은 누구보다 눈부신 인생을 살고 있다.

미국의 재즈가수 마일스 데이비스는 "안전한 길만 택하는 사람에게는 결코 발전이란 없다."라고 말했다. 매일 같은 길로만 다니고 쉬운 일, 잘하는 일만 하는 사람에게서는 어떤 발전도 기대할 수 없다. 때로 한 번도 가 보지 않은 낯선 길도 가 봐야 지름길을 찾을 수 있는 것처럼 귀찮고 어려운 일도 해 봐야 지금보다 향상된 실력을 갖출 수 있다.

《톰 소여의 모험》을 쓴 마크 트웨인은 이렇게 말했다.

"앞으로 20년 후에 당신은 저지른 일보다는 저지르지 않은 일에 더 실망하게 될 것이다. 그러니 밧줄을 풀고 안전한 항구를 벗어나 항해를 떠나라. 돛에 무역풍을 가득 담고 탐험하고,

꿈꾸며, 발견하라."

인생은 단 한 번뿐이다. 훗날 인생을 뒤돌아보았을 때 실패한 일보다 실패가 두려워 포기한 일들을 더 후회하게 될 것이다. 인생에는 리허설이 없다. 잘 살든 못 살든 단 한 번뿐이기에 더없이 소중한 것이 인생이다.

하고 싶은 일이 있다면 망설이지 말고 도전하라. 한 번 도전해서 안 되면 두 번 세 번 도전해 보라. 도전하는 과정에서 잘 되는 방법을 찾게 되고 결국 목표하는 바를 성취하게 될 것이다.

시간관리_
꿈과 목표를 관리하는 힘

세상에서 가장 공평한 것이 있다. 바로 시간이다. 시간은 하루 24시간 누구에게나 공평하게 주어진다. 그런데 어떤 사람은 하루를 여유롭게 보내는가 하면 또 다른 사람은 정신없이 보낸다. 이는 시간 경영에 달려 있다. 인생은 시간으로 이루어져 있기에 시간 경영을 잘해야 자신이 원하는 인생을 설계할 수 있다.

다시 말하지만 시간은 유한한 자원이다. 따라서 그 어떤 자원보다도 효과적이고 생산적으로 활용해야 한다. 시간을 비효과적이고 비생산적으로 활용하는 사람은 백발백중 실패하게 되어 있다.

시간의 중요성은 아무리 강조해도 지나침이 없다. 경영학의 대가 피터 드러커는 "시간은 다른 자원과는 달리 한정된 자원이다. 시간은 빌릴 수도, 고용할 수도, 구매할 수도, 또는 다른 사람보다 더 많이 소유할 수도 없다."라고 말했다. 시간은 그 무엇으로도 대체할 수 없다. 돈으로 살 수 없고 다른 사람의 시간을 빼앗아 올 수도 없다. 그러니 시간이 있을 때 잘 안배해서 활용해야 한다.

베들레헴 철강회사의 찰스 스왑은 매일 시간에 쫓겼다. 그래서 고민 끝에 경영 컨설턴트인 아이비 리에게 이런 제안을 했다.

"지금보다 더 많은 일을 할 수 있는 방법을 가르쳐 주시오. 그러면 보수는 얼마든지 지불하겠소."

아이비 리는 그에게 종이 한 장을 주면서 다음과 같이 말했다.

"내일 할 일을 여섯 가지만 적으세요. 그다음 중요하고 급한 순서대로 번호를 매기십시오. 그 순서대로 일을 처리하시면 됩니다. 혹시 뜻하지 않는 일이 생기면 급하고 중요한 순서대로 처리하세요. 이러한 과정이 매일 습관이 되도록 하십시오."

몇 주 후 찰스 스왑은 아이비 리에게 그가 이제껏 배웠던 어떤 것보다도 훌륭한 교훈을 얻었다는 편지와 함께 2만 5,000

달러를 보냈다. 5년 후 베들레헴 철강회사는 세계에서 가장 높은 매출액을 올리게 되었다. 찰스 스왑은 시간관리를 통해 1억 달러를 벌었으며, 세계에서 가장 유명한 '철강 왕'으로 불리게 되었다.

성공자들의 공통점은 바로 시간관리의 대가들이라는 것이다. 하루 24시간을 48시간으로 고무줄처럼 늘여서 생활한다. 아무 일이나 손에 잡히는 대로 처리하는 것이 아니라 가장 중요하고 급한 순서를 매겨 처리한다. 그럼 다른 사람들에 비해 같은 시간 동안 많은 일을 할 수 있게 된다.

공부도 우선순위를 정해서 하면 훨씬 효과적이다. 공부를 잘하는 친구를 보면 먼저 중요하고 급한 과목부터 공부를 시작한다. 이에 비해 열등생들은 자신이 자신 있고 관심이 있는 과목부터 공부한다. 이러한 차이점 때문에 순위가 제자리걸음인 것이다

공부를 떠나 다른 일을 하더라도 우선순위를 정하는 일은 매우 중요하다. 시간관리 전문가 유성은은 저서 《시간관리와 자아실현》에서 우선순위를 정하면 7가지 효과를 볼 수 있다고 말한다.

1. 목표와 행동에 질서를 부여하므로 서두르지 않고 순조롭게 일을 해 나갈 수 있다.

2. 각 업무의 중요도를 식별할 수 있어서 중요하고 필수적인 일을 우선적으로 처리할 수 있다.

3. 마감기한이 정해진 업무를 처리하는 데 필요한 구체적인 행동을 정할 수 있다.

4. 적은 시간을 일해도 많은 효과를 거둘 수 있다.

5. 일을 방해하는 요인과 낭비를 최소한으로 줄일 수 있다.

6. 목표들 간의 충돌을 미리 막을 수 있다. 따라서 마음의 갈등도 없어지게 된다. 대인관계에서도 이해 상충을 피할 수 있다.

7. 흑자 인생을 살 수 있다. 이것은 세월이 가면 갈수록 더 효과를 발휘한다. 올바른 일에 올바로 시간과 물질과 노력을 투자했기 때문이다.

매 순간 우선순위를 정해서 생활하다 보면 생각지도 못했던 이점을 깨닫게 된다. 그 이점은 위에서 말한 7가지를 훌쩍 뛰어넘는다. 나는 며칠 전 기업의 경영자들을 대상으로 특강을 진행했다. 그때 앞자리에 앉아 계신 연세가 지긋하신 분에게 "가장 큰 성과를 거두려면 어떻게 해야 합니까?"라고 질문했다. 그러자 그분은 망설임 없이 말씀하셨다.

"지금 자신에게 가장 중요한 프로젝트나 목표가 무엇인지 결정해야 합니다. 일단 선택을 한 뒤에는 그 일에 열의를 갖고 최선을 다해야 합니다. 덜 중요한 일들은 과감하게 잊어버리고, 자신이 선택한 일에 전념하는 것이 바로 성공의 비결이 아닐까 생각합니다."

꿈을 이루고 행복한 인생을 살고자 한다면 시간관리의 달인이 되어야 한다. 덜 중요한 일보다 중요하고 급한 일부터 해 나가야 한다.

여러분 중에서도 매일같이 시간에 쫓기는 사람이 있을 것이다. 시간에 쫓겨선 절대 성적을 올릴 수 없다. 나아가 꿈꾸는 미래를 창조할 수 없다. '시간 창조형' 인간이 되어야 한다. 시간 창조형 인간은 자신에게 주어진 시간을 하루 24시간으로 제한하는 것이 아니라 능동적으로 사고하고 행동하며 자신의 것으로 만든다. 이들은 시간을 효율적으로 잘 쓰기 때문에 늘 여유를 가지고 자신이 하고 싶은 일을 하며 산다. 이들의 하루는 24시간이 아니라 25시간이 될 수도 있고, 48시간이 될 수도 있다. 비전과 목표, 행동이 정확히 설정되어 있기에 가능한 일이다. 소중한 것을 먼저 하고 시간을 즐기며 창조하기에 그들이 성공할 수밖에 없는 것이다.

이제부터 계획 없이 무턱대고 공부하지 마라. 행동으로 옮기기 전에 우선순위를 점검하길 바란다. "시간은 다른 자원과는 달리 한정된 자원이다. 시간은 빌릴 수도, 고용할 수도, 구매할 수도, 또는 다른 사람보다 더 많이 소유할 수도 없다."는 피터 드러커의 말을 가슴에 새겨 보자.

배려_
마음을 움직이는 힘

영국의 시드니 장군은 전쟁에서 심한 부상을 입었다. 그는 심한 부상에도 승리를 위해 고통을 참으며 끝까지 자리를 지켰다. 마침내 전쟁이 성공적으로 끝나고 장군은 후방으로 옮겨졌다. 후방으로 옮겨 간 장군은 어느 날 갈증이 심해 물을 찾았다. 병사들이 가져온 물통에는 겨우 몇 방울의 물만이 남아 있었다. 병사들은 자신의 물통에 남아 있는 몇 방울의 물을 모아 시드니 장군에게 가져간 것이었다.

목이 말랐던 장군이 물컵을 받아 드는 순간이었다. 맞은편에 심한 부상을 입은 채 물컵을 바라보고 있는 어느 병사의 간절한 눈빛과 마주치게 되었다.

장군은 부관을 불러 이렇게 말했다.

"이 물을 저 병사에게 가져다주게. 나는 더 참을 수 있으니 괜찮네."

부관은 장군에게 물을 드시라고 거듭 말했다.

"아닙니다. 이 물은 장군님을 위해 모은 것입니다. 어서 드시지요."

그러나 끝까지 장군은 물컵을 부관에게 건넸다.

"어서 주게. 저 병사가 마시는 것을 보고 싶네."

장군은 갈증에 시달리는 병사에게 물을 마시도록 권했다. 병사는 눈물을 흘리며 물을 마셨다.

장군은 그 모습을 보며 흐뭇한 미소를 지었다. 그 순간, 옆에서 지켜보던 많은 부상병들의 눈시울이 붉어졌다.

배려는 마음을 움직이는 힘이다. 남을 배려할 줄 아는 사람의 주위에는 사람들로 붐빈다. 그래서 위기의 순간이 와도 별 어려움 없이 극복할 뿐 아니라 오히려 위기를 기회로 만든다. 성공하고자 한다면 배려하는 자세를 지녀야 한다.

우리는 절대 혼자의 힘으로 성공할 수 없다. 인생이라는 바다에는 내가 알지 못하는 곳곳에 암초들이 숨어 있기 때문이다. 그 긴 여정을 혼자 가다가는 언제 암초에 부딪혀 좌초할지 모른다.

성공하는 인생을 사는 사람들은 하나같이 배려가 몸에 배어 있다. 배려를 통해 상대방을 내 편으로 만들 줄 아는 힘을 지녔다. 그들은 성공으로 이끌어 주는 기회가 사람과 사람 사이에서 생겨난다는 것을 잘 알고 있다. 아래 일화에 나오는 페리라는 청년처럼.

하늘에 구름이 잔뜩 낀 어느 날 오후, 금세 억수 같은 비가 쏟아졌다. 거리에 있던 사람들은 가까운 상점으로 뛰어 들어가 비를 피했다. 그중에 할머니도 끼어 있었다. 할머니는 비를 피하기 위해 종종걸음으로 필라델피아 상점으로 들어갔다.

많은 종업원들은 비에 젖은 노인의 모습을 보고도 모른 척했다. 할머니의 옷차림이 초라했기 때문이다. 할머니의 옷에서 흘러내린 빗물이 바닥에 깔려 있는 카펫을 적셨다. 점원들은 입구를 막고 서 있는 노인을 보며 못마땅하다는 표정으로 수군거리고 있었다. 심지어 할머니를 흘겨보는 사람도 있었다.

그때 한 청년이 할머니에게 다가가 친절하게 말을 건넸다.

"할머니, 제가 도와드릴 일이라도 있습니까?"

할머니는 빙그레 웃으며 대답했다.

"고맙지만 괜찮아요. 여기서 잠깐 비를 피하고 있으면 곧 운전기사가 올 거예요."

할머니는 괜스레 점원에게 미안한 마음이 들었다. 그래서 상점을 둘러보기 시작했다. 머리핀이라도 하나 사면 미안한 마음이 덜해지지 않을까 생각했던 것이다.

잠시 후 청년이 다가와 말했다.

"할머니, 불편해 하실 필요 없습니다. 제가 의자를 하나 가져다드릴 테니 그냥 앉아서 쉬시면 됩니다."

할머니의 얼굴에 미소가 번졌다. 잠시 후 비가 그치고 날이 개었다. 할머니는 친절한 청년에게 고맙다는 인사와 함께 명함 한 장을 받아 상점을 나왔다.

몇 달 후, 필라델피아 상점의 사장 제임스 앞으로 한 통의 편지가 배달되었다. 모르는 고객으로부터 온 편지였는데, 스코틀랜드 별장의 모든 가구를 필라델피아 상점의 것으로 바꾸겠다는 내용과 함께 이 일을 페리라는 점원에게 맡겨 달라는 부탁이었다. 그리고 자신의 회사에 사무용품을 납품하는 일도 그 점원에게 맡기겠다는 내용이었다.

사장은 생각지도 않은 대량 주문에 기쁨을 감출 수가 없었다. 상점의 2년 치 이윤에 달하는 거액이었기 때문이다.

'누가 이런 편지를 보냈을까? 만약에 장난 편지라면 어쩌지?'

왠지 모르게 불안한 생각이 든 사장은 당장 편지를 보낸 고객에게 연락을 취했다. 편지를 보낸 사람은 미국의 대부호 '철강 왕' 카네기의 어머니였다. 몇 달 전 상점 앞에서 비를 피했던 그 노인이었다.

배려의 힘은 강력하다. 상대방의 마음을 내 편으로 끌어당기기 때문에 뜻하지 않은 기회가 생겨나기도 한다. 그래서 성공하고자 하는 사람은 누구든 남을 위하는 마음을 가져야 한다.

일화 속에 나오는 페리는 배려하는 자세로 인해 인생이 백팔십도로 달라졌다. 제임스는 페리를 자신의 파트너로 임명한 뒤 그에게 카네기가의 스코틀랜드 별장 납품 건을 맡겼다. 그일이 계기가 되어 페리는 훗날 '카네기 철강회사'와 합작해 철강업에서 카네기의 뒤를 잇게 되었다.

좋은 성적, 자신이 원하는 대학에 가기 위해 공부는 중요하다. 하지만 성공하는 인생, 행복한 인생을 사는 데는 배려하는 마음이 필요하다. 배려 속에서 예상치 못한 기회와 행운이 생겨나기 때문이다.

몰입_
인생을 바꾸는 자기혁명

모차르트, 뉴턴, 아인슈타인, 마리 퀴리, 에디슨, 워런 버핏, 빌 게이츠와 같이 위대한 업적을 쌓고 세상을 바꾼 천재들의 성공 비결은 무엇일까? 바로 '몰입'이다. 그들은 '몰입'이라는 방식을 통해서 자신의 잠재력을 확장해 괄목할 만한 성과를 발휘할 수 있었다. 그들은 난관에 봉착할 때 한 가지 의문에 몰입하고 또 몰입해 해결책을 찾아냈다.

'인간은 언제 가장 행복한가?'라는 문제의 해답을 찾는 데 평생을 바친 미하이 칙센트미하이는 평생의 연구 성과물로서 인간이 언제 가장 큰 행복을 느끼는가를 밝혀냈다. 그것은 바로 자신을 통제할 수 있고 스스로가 삶의 주인공이라고 느낄 때라는 것을 알게 되었다. 그는 그러한 상태를 '플로(Flow)'라고 이름 붙였다. 플로는 '마치 물이 흐르는 것처럼 편안한 느낌', '하늘을 자유롭게 날아가는 느낌'으로 완벽한 심리적 몰입상태를 말한다.

신내림을 받는 무속인과 몰입상태에 빠져 있는 사람의 뇌를 서로 비교해 본 결과 한 가지 공통점이 발견되었다. 사고, 기억, 정신 활동을 담당하고 있는 뇌의 기관인 전두엽이 가장 왕성하게 활동하고 있다는 점이었다. 즉, 몰입상태에 들어가면 정신활동이 풀가동되어 무수히 좋은 아이디어들이 떠오르게 된다. 뿐만 아니라 생각의 속도가 100배, 1,000배까지도 높아져 어떤 어려운 문제도 풀 수 있게 되는 것이다.

1908년 도쿄 대학 이케다 기쿠나에 교수는 인공 조미료 '아지노모토'를 개발했다. 이것은 일본의 10대 발명품 가운데 하나로 꼽힌다. 이케다 교수가 인공 조미료를 개발할 수 있었던 것은 오로지 인공 조미료 개발에 몰입했기 때문이다.

어느 날 저녁을 먹던 이케다 교수가 아내에게 물었다.

"이 국물 맛 기가 막히군. 무슨 국물이오?"

"이거요? 다시마 국물이에요."

아내는 대수롭지 않다는 듯이 대답했다. 하지만 아내의 대답을 들은 순간 이케다 교수의 머릿속에는 새로운 질문이 떠올랐다.

'왜 다시마에서는 이런 기가 막히는 맛이 나는 걸까?'

그는 다시마가 내는 맛의 원인을 찾기 위해 연구원들과 함께 연구에 돌입했다. 먼저 다량의 다시마로 국물을 우려냈다. 그리고 이것을 가열해 물을 완전히 증발시키자 하얀 침전물이 남았다. 이것을 다시 정제해서 요소들을 하나씩 분리했다. 그리자 마침내 쌀 모양의 흰 결정체를 얻을 수 있었는데 아미노산의 하나인 글루탐산나트륨이었다.

그는 이것에 우마미, 즉 감칠맛이라고 이름을 붙였다. 이것을 화학적으로 양산하는 방법을 고안해 얼마 지나지 않아 상업화하는 데 성공했다.

이케다 교수가 최초로 인공 조미료를 개발할 수 있었던 것은 오로지 한 가지 일에만 몰입했기 때문이다. 어떤 일에서 성과를 발휘하기 위해선 그 일에 전부를 걸 정도로 몰입할 수 있어야 한다.

경영의 구루로 불리는 세계적인 비즈니스 작가 말콤 글래드웰은 저서 《아웃라이어》에서 비범한 성취를 이룬 사람, 즉 아웃라이어들의 성공 비결을 한 가지로 압축했다. 바로 '1만 시간의 경험'이다.

"1만 시간은 어떤 분야에 숙달되기 위해 필요한 절대 시간이다."

1만 시간은 하루 3시간씩, 10년을 보내야 확보되는 시간이다. 말콤 글래드웰에 따르면 작곡가나 스포츠선수, 소설가, 스케이트선수, 피아니스트 등 자신의 분야에서 성공한 사람들은 하나같이 1만 시간의 법칙에 의해 만들어진 사람들이라는 것이다. 즉, 지독한 몰입의 대가들이라는 말이다.

영국 최고의 배우 가운데 한 명으로 꼽히는 주디 덴치는 이렇게 고백한 바 있다.

"지난 51년간 출연하는 연극마다 모두 무대에서 넘어졌다. 쉽게 한 연극은 한 편도, 정말이지 하나도 없다. 나는 끊임없이 배우는 느낌이다. 사소한 일 하나하나에서도 말이다."

주디 덴치는 영국에서 가장 영예로운 무대예술상인 로렌스 올리비에상을 6회, 토니상과 골든글로브상을 각각 2회, 아카데미상 1회, BAETA상(영국의 아카데미상)을 9회 수상한 전설적인 배우다. 그녀는 영국 왕실로부터 남자의 기사에 해당하는 데임 작위까지 받았다. 그녀가 자기 분야에서 정상에 설 수 있었던 것은 하는 일에 치열하게 몰입했기 때문이다.

　말콤 글래드웰은 다음과 같이 몰입의 중요성에 대해 강조했다. "빌 게이츠와 비틀스, 체스게임 챔피언들은 하나같이 창의적이고 창조적인 사람들이다. 하지만 창의와 창조는 일정한 시간의 준비를 필요로 한다. 그들 스스로를 표현하기 위해서다. 창의적인 음악을 하기 위해서는 먼저 음악을 숙달해야 한다. 탁월한 바이올리니스트가 되려면 먼저 바이올린을 잘 다뤄야 한다. 그냥 일반적인 차원이 아니라 대단히 전문적인 수준에서 숙달되어야 한다. 지식의 기초가 있어야 창의와 창조의 핵심에 도달할 수 있다. 이것이 1만 시간의 법칙이다. 특별한 일을 하기 위한 훈련 단위다."

　미국의 심리학 교수 미하이 칙센트미하이는 "삶을 훌륭하게 가꾸어 주는 것은 행복감이 아니라 깊이 빠져드는 몰입이다."라고 말했다. 몰입을 제대로 하려면 우선 자신이 무엇을 좋아하고 잘하는지, 원하는지에 대해 알아야 한다. 내면에서 무엇을 간절히 원하는지, 내가 가장 잘 할 수 있는 것이 무엇인지 알아야 그에 대한 해답을 이끌어 내기 위한 몰입이 가능하기 때문이다.

　지금보다 더 나은 실력을 갖추기 위해선 몰입해야 한다. 몰입하지 않고서는 절대 자신이 원하는 해결책을 찾을 수 없다. 물론 몰입을 한다는 것이 말처럼 쉽지는 않다. 귀찮고 힘들더라도 원하는 결과를 이끌어 내기 위해 몰입해 보라. 점차 시간이 흐르면서 깨닫게 될 것이다. 그냥 하는 것과 몰입해서 하는 것의 차이가 하늘과 땅 차이라는 것을.

마지막으로 미하이 칙센트미하이의 말을 기억해 보자.

"몰입 경험은 배움으로 이끄는 힘이다. 새로운 수준의 과제와 실력으로 올라가게 만드는 힘이다."

10

긍정의 질문_
매일 나를 변화시키는 힘

'경영학의 아버지'라고 불리는 피터 드러커는 학교에서 선생님으로부터 받은 질문 하나가 자신의 인생을 바꾸어 놓았다고 말했다. 당시 열세 살이던 드러커에게 담임선생님이 물었다.

"너는 나중에 어떤 사람으로 기억되기를 바라느냐?"

선생님의 갑작스러운 질문에 드러커는 대답을 하지 못했다. 그동안 그런 생각조차 해 보지 못했기 때문이다.

선생님이 다시 말했다.

"비록 지금은 이 질문에 대답을 하지 못해도 좋다. 하지만 네가 50이 되어서도 이 질문에 답할 수 없다면 인생을 잘못 산 것이란다."

드러커는 당시 선생님과의 대화를 평생 잊을 수 없었다고 회고했다. 그때 담임선생님으로부터 받은 질문이 자신의 인생을 바꾸어 놓았다고 말했다.

세상에는 긍정의 질문이 인생의 터닝 포인트가 되어 성공하는 인생을 사는 사람들이 많다. 그 가운데 자기계발의 대가인 앤서니 라빈스를 꼽을 수 있다. 그는 모든 사람이 인정하는 자기계발의 대가다. 대통령과 왕족, 일류 스포츠 스타와 기업체 회장들을 개인적으로 지도했으며, 많은 사람들이 수천 달러에 달하는 비용을 감수하며 그의 강연을 듣기 위해 모여든다. 그러나 앤서니 라빈스는 불과 10여 년 전만 하더라도 한 빌딩 청소부에 불과했다. 가난한 탓에 고등학교밖에 졸업하지 못했으며, 멋있는 정장을 차려입은 사람들이 근무하는 최신식 빌딩에서 냄새나는 작업복을 입고 하루 종일 걸레질을 해야 했다. 캘리포니아에 있는 10여 평의 독신자 아파트에 살던 그에게는 미래에 대한 아무런 희망도 없었다. 뚱보에다 가난하고 못 배운 그는 자신에게 사랑은 사치라고 생각했다. 사람을 만나는 일이 가장 두렵게 느껴진 그는 퇴근 후 방 안에만 틀어박혀 슬픈 음악을 들으며 절망하곤 했다.

그러던 어느 날 그는 자신에게 '매일 감사하고, 행복을 느끼고, 즐거울 수 있도록 도와주는 질문을 의식적으로 하는 습관을 들일 수는 없을까?'라는 질문을 던지게 된다. 긍정적인 마음가짐으로 하루를 살아간다면 분명히 모든 일에서 긍정적인 결과를 이끌어 낼 수 있을 것이라는 해답을 찾게 되었다. 얼마 후 그는 실패하는 인생에 종지부를 찍었다.

앤서니 라빈스는 자신이 실패하는 인생을 사는 이유를 깨달았다. 그동안 자신이 던졌던 대부분의 질문이 좌절과 실패를 부르는, 부정적인 것이기 때문이었다.

"왜 나는 성공하지 못하는 걸까?"

"왜 나는 되는 일이 없을까?"

"사람들은 왜 나를 멀리하는 걸까?"

"왜 하필 나란 말이야?"

이런 질문은 어김없이 "가난하고 못 배우고 뚱뚱하고 못생겼기 때문이야."라는 부정적인 답으로 이어졌다. 그래서 그는 질문의 힘을 이해하고 그 힘을 자신의 행동의 변화를 통해 꿈을 이루는 도구로 활용하기로 결심했다. 그 후 매일 '성공의식'을 치르기로 마음먹었다. 그것은 아침저녁으로 인생에 동기부여를 해 주는 긍정의 질문을 던지는 것이었다.

앤서니 라빈스는 매일 아침저녁으로 다음과 같은 질문법을 사용해 자신에게 질문을 던졌다.

행복으로 이끄는 아침 질문법

☑ **지금 내 삶에서 행복하다고 느끼는 것은 무엇인가?**
(무엇이 나를 행복하게 하는가? 어떻게 그것이 나를 행복하게 하는가?)

☑ **내 인생에서 나를 들뜨게 하는 것은 무엇인가?**
(무엇이 나를 들뜨게 하는가? 어떻게 그것이 나를 들뜨게 하는가?)

☑ **내 인생에서 자랑스럽게 생각하는 것은 무엇인가?**
(무엇이 나를 자랑스럽게 하는가? 어떻게 그것이 나를 자랑스럽게 하는가?)

☑ **내 인생에서 감사하다고 느끼는 것은 무엇인가?**
(무엇이 나로 하여금 감사한 마음이 들게 하는가? 어떻게 그것이 감사하다고 느끼게 하는가?)

☑ **지금 내 삶에서 가장 즐기고 있는 부분은 무엇인가?**
(나는 무엇을 즐기고 있는가? 그것이 어떻게 나를 즐겁게 하는가?)

✔ 지금 당장 내가 결단을 내린 것은 무엇인가?
(무엇에 대한 결단을 내렸는가? 그것이 어떻게 결단을 내리게
하는가?)

✔ 내가 사랑하는 사람은 누구인가? 누가 나를 사랑하는가?
(무엇이 내가 사랑하는 마음이 생기게 하는가? 그것이 어떻게 사랑
하는 마음이 생기게 하는가?)

하루를 되돌아보는 저녁 질문법

✔ 나는 오늘 사회에 어떤 공헌을 했는가?
나는 오늘 어떤 면에서 '주는 사람(giver)'이 되었나?

✔ 오늘 내가 배운 것은 무엇인가?

✔ 오늘 내 삶에서 발전을 이룬 것은 무엇인가?
또는 내가 오늘 이룬 것을 어떻게 내일을 위한 투자에 활용할
수 있을까?

여러분도 앤서니 라빈스의 아침 질문법으로 하루를 시작하고 저녁 질문법으로 하루를 되돌아보길 바란다. 사소하고 무의미한 것 같지만 결과는 그렇지 않다. 이런 하루하루의 노력들이 쌓이면 어느새 과거와 다른 오늘을 사는 자신을 발견하게 된다.

1991년 일본의 최대 사과 생산지인 아오모리 현에 가을 태풍이 불어닥쳤다. 태풍의 피해로 잘 자라고 있던 사과의 90% 이상이 땅에 떨어지고 말았다. 농민들은 땅에 떨어진 사과를 보며 망연자실했다.

그들은 하늘을 보며 원망했다.

"하늘도 무심하시지. 어떻게 이런 재앙이 닥칠 수 있어?"

"망가진 사과를 누가 사겠어? 올해 사과 농사는 망했어."

그때 마을 이장은 이렇게 생각했다.

'땅에 떨어진 사과를 어떻게 하면 팔 수 있을까?'

그는 땅에 떨어진 사과에 초점을 맞추기보다 아직 떨어지지 않은 10%의 멀쩡한 사과에 집중했다. 그러자 '어떻게' 팔 것인지에 대한 답을 찾을 수 있었다. 한국과 마찬가지로 일본도 가을이 입시철이다. 이장은 아직 나뭇가지에 붙어 있는 사과에 '떨어지지 않는 사과'라는 이름을 붙였다. 그 사과는 다른 사과의 10배가 넘는 가격이었음에도 선풍적인 인기를 끌었다. 긍정의 질문 덕분에 농민들은 예년보다 오히려 더 높은 수익을 올릴 수 있었다.

절망에 빠져 있더라도 사고의 초점을 조금만 비틀면 희망이 보인다. 신은 우리가 감내할 수 없는 시련은 주지 않는다. 그러니 절망 속에서도 '된다'는 생각으로 긍정의 질문을 던져 보라. 분명 암흑과 같은 절망의 터널을 지나 희망의 빛을 보게 될 것이다.

C
H
A
P
T
E
R
4

오뚝이처럼
독하게 시작하라

01

꿈이 있는 사람은
시련에도 흔들리지 않는다

> 위대한 성취를 하려면 행동하는 것뿐만 아니라,
> 꿈꾸는 것도 반드시 필요하다.
>
> – 아나톨 프랑스

성공한 사람치고 평탄한 인생을 살아온 사람은 없다. 그들은 끊임없는 시련과 역경에 부딪혀 넘어지고 일어서기를 수없이 반복했다. 그런 험난한 과정 속에서 좌절하거나 절망하지 않았던 것은 바로 꿈 때문이다. 최선을 다해 노력하면 머지않아 꿈이 이루어진다는 희망으로 힘든 시기를 버텨 낼 수 있었다.

미국의 야구선수 D. 엘더는 "꿈꾸는 사람은 미래를 들여다보며 희망을 본다. 꿈꾸지 않는 사람은 단지 미래만 볼 뿐이다."라고 말했다. 그래서 꿈이 있는 사람과 꿈이 결여된 사람, 꿈을 이루기 위해 노력하는 사람과 아무 노력도 하지 않는 사람의 격차는 하늘과 땅처럼 벌어진다.

미국 40대 대통령 로널드 레이건이 대학 졸업을 앞두고 있을 때였다. 그 무렵 미국은 장기적인 경기침체로 인해 졸업생들은 취업하기가 하늘의 별 따기만큼이나 힘들었다. 대부분의 청년들은 실의에 빠져 있었다. 그러나 레이건은 달랐다. 아무리 경제가 어려워도 노력하면 얼마든지 자신이 원하는 일을 찾을 수 있다고 생각했다. 그는 방송국에 들어가 스포츠 캐스터가 되기로 마음먹었다.

방송국에 아무런 연줄이 없던 레이건은 시카고의 여러 방송국 문을 두드렸다. 하지만 돌아오는 답변은 거절이었다. 반복되는 거절 속에 마지막으로 찾아간 방송국의 책임자는 이렇게 말했다.

"우리는 초보자를 뽑는 모험을 하고 싶지 않다네. 다른 곳에서 더 경험을 쌓은 뒤에 다시 찾아오게나."

순간 좌절에 빠졌지만 레이건은 이내 털고 일어났다. 그는 고향 일리노이 주로 향했다. 하지만 그곳에는 방송국이 없었다. 어머니는 격려차 레이건에게 말했다.

"당장 네 뜻대로 되지 않는다고 해서 실망해선 안 돼. 네가 자신을 믿는 한 반드시 기회는 찾아온단다. 아이오와로 한번 가 보지 그러니.”

어머니의 말에 용기를 얻은 레이건은 아이오와 주 WOC 방송국을 찾아갔다. 그곳에서 프로그램 실무자인 맥아더를 만나 많은 이야기를 나누었다. 하지만 부정적인 대답만이 돌아왔다. 그는 굴하지 않고 말했다.

“일을 시켜 주신다면 바닥부터 시작하겠습니다. 제발 한 번만 기회를 주십시오.”

맥아더는 자신에겐 그런 힘이 없다며 고개를 저었다. 레이건은 낭랑한 목소리로 말했다.

“좋습니다. 하지만 두고 보세요. 저는 머지않아 훌륭한 스포츠 캐스터가 될 테니까요. 그때 땅을 치고 후회하게 될 겁니다.”

순간 맥아더는 깜짝 놀랐다.

“방금 뭐라고 했습니까? 스포츠 캐스터라고요?”

“네, 저는 훌륭한 스포츠 캐스터가 되는 것이 꿈입니다.”

“아, 잘됐군요. 그러면 혹시 럭비에 대해 잘 알고 있습니까?”

“그럼요, 누구보다 잘 알고 있어요.”

이렇게 해서 레이건은 럭비 경기 중계 테스트를 보게 되었다. 실감나게 럭비 중계를 한 그는 스포츠 캐스터로 발탁되었다. 어떤 시련이 닥쳐도 좌절하지 않았던 레이건은 훗날 제40

대 미국 대통령의 자리에 올랐다.

철학자 얼 나이팅게일은 이렇게 말했다.

"꿈이 있는 사람은 성공한다. 어디로 가고 있는지 알기 때문이다."

그렇다. 꿈을 가지고 그 꿈을 이루기 위해 노력하는 사람은 성공하게 되어 있다. 그래서 성공한 사람들은 하나같이 "꿈을 가져라, 그리고 그 꿈을 이루기 위해 사력을 다하라."라고 충고하는 것이다.

꿈이 있는 사람은 강한 바람에도 흔들리지 않는다. 거센 바람이 부는 현실이 아닌, 머지않아 실현될 미래를 바라보고 있기 때문이다. 그래서 아무리 강한 바람이 불어도 감내하며 꿈을 향해 나아갈 수 있는 것이다.

스스로 한계를 긋지 않는다면 우리에게 한계란 없다. 세계적인 동기부여가인 브라이언 트레이시의 말을 들어 보자.

"당신은 운명의 건축가이고 당신 운명의 주인이며 당신 인생의 운전자다. 당신이 할 수 있는 것, 가질 수 있는 것, 될 수 있는 것에 한계란 없다."

영화배우 안성기가 있다. 그는 1977년부터 제대로 쉬어 본 적이 없을 정도로 열정적인 인생을 살고 있다. 1980년대에는 한 해에 무려 3~4편의 영화에 출연했는가 하면, 그 후에도 꾸준히 스크린에 모습을 드러냈다.

안성기는 어느 인터뷰에서 자신의 성공 비결에 대해 이렇게 말했다.

"한국 영화계의 상황이 암울했던 1970년대 말에도 끈기 있게 영화를 계속하며 버틸 수 있었는데, 영화와 관객을 사랑하고 촬영할 때마다 현장에 충실하며 최선을 다했던 것이 장수비결이었던 것 같습니다."

안성기가 자신의 본분인 영화배우로서 최선을 다하듯이 여러분도 지금 가진 목표와 꿈에 최선을 다해야 한다. 인생의 성공 비결은 매우 간단하다. 성공한 사람들에게 물어보면 이렇게 간단하게 대답한다.

"꿈과 목표를 가지고 그것을 실현하기 위해 최선을 다하라."

02

누구나 성공할 수 있지만
아무나 성공하는 것은 아니다

진정한 앎은 자신이 얼마나 모르는 지를 아는 것이다.

- 공자

오래전부터 나는 성공하는 인생을 사는 사람들과 실패하는 인생을 사는 사람들의 특징과 차이점에 대해 조사하고 연구해 왔다. 그 결과 그들만의 성공 비결을 알 수 있었다.

한 중소기업 경영자는 자신의 성공 비결을 이렇게 말했다.

"확고한 꿈을 가지고 그것이 실현될 때까지 시도하고 또 시도한 것입니다."

어렸을 때 교통사고로 부모님을 잃고 고아로 자란 그 경영자는 반드시 기업가가 되겠다는 꿈을 가졌다고 했다. 그리고 그 꿈을 이루기 위해 막노동, 식당 배달일, 포장마차 등 안 해 본 일이 없었다고 했다. 그동안 온갖 어려움이 있었지만 좌절하지 않고 계속 도전했고 그 결과 지금처럼 어엿한 중소기업의 대표가 될 수 있었다고 한다.

반면 실패한 사람들에게서도 실패하는 요인을 찾을 수 있었다. 많은 요인 중에 두 가지를 꼽을 수 있다. 꿈과 목표가 없었는가 하면, 거창한 계획만 세워 놓고 실패가 두려워 시도하지 않았다는 것이다.

한 악마가 사람들을 유혹하는 데 사용했던 도구를 팔려고 시장에 내놓았다. 도구의 종류는 참으로 다양했다. 악마가 사용하는 도구답게 흉측하게 생긴 것이 대부분이었다. 그런데 진열된 도구들 한쪽에 값을 매기지 않은 쐐기 하나가 놓여 있었다.

물건을 사러 온 다른 악마가 물었다.

"아직 값을 매기지 않은 저것은 무엇입니까?"

"그것은 절망이라는 도구인데, 파는 게 아닙니다. 나는 저걸로 틈을 벌려 강하다고 하는 그 어떤 사람도 쓰러뜨리지요. 그래서 다른 건 다 팔아도 저것만은 팔지 않습니다. 내가 가장 즐겨 사용하는 도구거든요."

'정말 될까?', '실패하면 어쩌지?' 이런 부정적인 생각으로는 아무 일도 못한다. 자신을 믿지 못하는 사람이 목표를 이루고 꿈을 향해 나아간다는 것은 어불성설(語不成說)이다. 무에서 유를 창조하고 한계를 극복하는 힘은 내면에서 나온다. '할 수 있다', '나는 된다'라고 믿는 내면에서 강한 용기와 자신감이 생겨나는 법이다.

살다 보면 누구나 처음부터 뜻대로 잘되는 일은 없다. 기대했던 일이 실패로 끝나기도 한다. 그렇더라도 실패를 떨쳐 버리고 다시 도전해야 한다. 만약 그 실패의 경험을 떨쳐 버리지 못한다면 '이번에도 실패하면 어쩌지?'라는 두려움 때문에 시도를 포기하거나 같은 실패를 반복하게 된다.

실패라는 두려움을 극복하고 성공을 일궈 낸 소년이 있다. 바로 '가레스 게이츠'다.

2002년 영국의 한 방송국에서 가수 선발을 위한 공개 오디션을 열었다. 그러자 전국에서 수많은 가수 지망생들이 몰려들었다. 그들 가운데 심하게 말을 더듬는 한 소년도 끼어 있었다.

"저… 저는 가… 가수를… 꿈… 꾸는 가…레스… 게… 이츠라고 하… 합니다."

소년이 오디션에서 자신을 소개하는 데만 무려 10분가량이 흘렀다. 심사위원들은 짜증스런 표정을 지으며 소년을 바라보고 있었다. 소년이 노래를 부르기 시작했다. 아까의 짜증은 온데간데없이 모두 감탄의 탄성을 질렀다. 소년의 목소리가 너무도 감미로웠기 때문이다. 소년은 오디션에서 아주 작은 차이로 2위를 차지하며 신세대 스타로 떠올랐다. 그가 바로 언어장애를 극복하고 가수가 된 영국 출신 가수 가레스 게이츠다.

가레스 게이츠는 여덟 살 때부터 말을 심하게 더듬었다. 말을 더듬는다는 이유로 그는 친구들에게 무시당하고 따돌림을 당하는 등 많은 고통을 받았다. 하지만 그는 그런 장애를 받아들이기보다 극복하기 위해 노력했다. 그 결과 그는 가수라는 새로운 인생을 살게 된 것이다.

누구나 밑바닥 인생이 아닌, 화려한 인생을 살고 싶어 한다. 하지만 소수의 사람만이 자신의 꿈을 이루고 성공하는 인생을 살고 있다. 그 이유는 다수의 사람들이 꿈을 향해 나아가다가 실패에 대한 두려움 때문에 중도 포기하기 때문이다. 끝까지 포기하지 않고 꿈을 실현시킨 소수만이 세상의 주인공이 되어 눈부신 인생을 사는 것이다.

'세계적인 바이올리니스트' 장영주는 성공 비결에 대해 묻는 사람들에게 이렇게 말했다.

"어린 시절에 진로를 결정한 덕분에 한 분야에 초점을 맞출 수 있었습니다."

진로를 일찍 결정했다고 해서 그녀에게 장점만 되었던 것은 아니었다. 남들보다 어린 시절에 바이올린을 시작했기 때문에 장점만큼이나 단점도 많았다. 아홉 살 때 뉴욕 필하모니와 협연했었을 때를 회상하며 장영주는 이렇게 말했다.

"그때는 너무 어려 뉴욕 필하모니와 연주한다는 게 어떤 의미인지 몰랐어요."

장영주는 다른 바이올리니스트보다 나이가 어렸지만 실력 면에서는 전혀 뒤지지 않았다. 그 이유는 단 하루도 빼먹지 않고 열심히 연습한 덕분이었다.

누구나 성공할 수 있지만 아무나 성공하는 것은 아니다. 꿈을 이루고 성공하기 위해선 그에 맞는 대가를 치러야 한다는 것을 기억해야 한다. 그렇기에 성공이 그만큼 의미 있고 값진 것이다.

최초는 짧고 최고는 길다,
최고가 되어라

사람은 실패가 아니라 성공하기 위해 태어난다.

— 헨리 데이비드 소로

자기 분야에서 최고가 될 수 있도록 목숨을 걸어야 한다. 정상에 선다면 부와 명예 등 원하는 것을 다 가질수 있다. 무엇보다 최고가 되었을 때 이루 말할 수 없는 자부심과 긍지를 가지게 된다.

물론 "최고가 되고 싶지만 아무나 되는 건 아니잖아요."라고 말하는 사람도 있을 것이다. 하지만 목숨을 걸지 않기 때문에 안 되는 것이다. 목숨 걸고 노력한 끝에 성공한 사람이 있다. 대우중공업 사환으로 시작해 23년 만에 초정밀 분야에서 우리나라 최고의 명장이 된 김규환이다. 그는 이렇게 말한다.

"목숨 걸고 노력하면 안 되는 것이 없습니다. 목숨을 거십시오. 내가 하는 분야에서 아무도 다가올 수 없을 정도로 정상에 오르면 돈이 문제가 아닙니다. 내가 정상에 서면 길가에 핀 꽃도 다 돈입니다."

김규환은 초등학교 졸업의 학력으로 1975년 대우중공업에 입사한 이래, 하루 3시간 이상 자본 날이 없을 정도로 치열하게 살았다. 그 결과 국가기술자격증 시험에 도전해 9전 10기 끝에 2급 자격증을, 4전 5기 끝에 1급 자격증을 획득하는 등 총 여덟 개의 자격증을 땄다.

그는 사람들에게 "목숨 걸고 노력하면 안 되는 것이 없다."라고 말한다. 스스로가 그런 자세로 성공했기에 사람들에게 당당하게 그렇게 말할 수 있는 것이다. 그는 언젠가 이런 말을 한 적이 있다.

"내가 아무리 초등학교도 제대로 못 나왔다지만 생각해 보이소. 1년 가야 책 한 권 제대로 안 읽는 놈이 이기겠나, 하루에 7시간씩 책 읽는 놈이 이기겠나, 당연히 책 읽는 놈이 이기는 기라니까요."

김규환은 대우중공업에 사환으로 입사한 뒤 기계 사용설명서를 읽어야겠다고 마음먹은 순간부터 독서에 몰입했다. 그 후 기술 관련 서적, 자서전이나 위인전, 문학작품과 역사물을 비롯해 지금까지 1만여 권의 책을 읽었다.

그는 그런 지독한 노력을 바탕으로 지금까지 2만 4,612건의 제안을 냈으며, 수입에 의존하던 62개의 초정밀 부품이 들어가는 기계를 국산화하는 데 기여했다. 현재 그는 대학을 졸업했는가 하면, 다섯 개 언어를 구사하며 수많은 기업체와 교육기관의 초빙 1순위 강사로 꼽히고 있다.

다음은 대우중공업 김규환 명장이 삼성에서 강의한 내용 중 일부다.

"제가 대우에 입사해서 현재까지 걸어온 과정을 말씀 드리겠습니다. 제가 대우에 입사할 때 입사자격이 고졸 이상 군필자였습니다. 이력서를 제출하려다가 경비원이 막아 실랑이를 벌이고 있는데 당시 사장이 우연히 이 광경을 보고 면접을 볼 수 있게 해 줬습니다. 그러나 면접에서 떨어지고 사환으로 입사하게 되었습니다. 사환으로 입사해 매일 아침 5시에 출근했습니다.

하루는 당시의 사장님이 왜 일찍 오냐고 물으셨습니다. 그래서 선배들을 위해 미리 나와 기계 워밍업을 한다고 대답했더니

다음 날 정식 기능공으로 승진시켜 주시더군요. 2년이 지난 뒤에도 계속 5시에 출근했고, 또 사장님이 질문하시기에 똑같이 대답했더니 다음 날 반장으로 승진시켜 주셨습니다.

제품에 혼을 싣지 않고 품질을 얘기하지 마십시오. 제가 어떻게 정밀기계 분야의 세계 최고가 되었는지 말씀 드리겠습니다. 가공 시 온도가 1℃ 변할 때 쇠가 얼마나 변하는지 아는 사람은 저 하나밖에 없습니다. 이걸 모를 경우 일을 모릅니다. 제가 이것을 알려고 국내 모든 자료실을 찾아봤지만 아무런 자료도 없었습니다. 그래서 공장 바닥에 모포를 깔고 2년 6개월간 연구했습니다. 재질, 모형, 종류, 기종별로 X-bar값을 구해 온도가 1℃ 변할 때 쇠가 얼마나 변하는지 온도치수가공 조건표를 만들었습니다. 기술 공유를 위해 이를 산업인력관리공단의 '기술시대'란 책에 기고했습니다. 그러나 실리지 않았습니다.

얼마 후 3명의 공무원이 찾아왔습니다. 처음에 회사에서는 큰일이 일어난 줄 알고 난리가 났습니다. 그런데 알고 보니 제가 제출한 자료가 기계가공의 대혁명 자료인 걸 알고 논문집에 실을 경우 일본에서 알게 될까 봐, 노동부장관이 직접 모셔 오라고 했다는군요. 장관 왈 '이것은 일본에서도 모르는 것이오'라고 했습니다. 만약 자료가 발간되면 일본에서 가지고 갈지 모르는 엄청난 것이었습니다.

제가 일을 어떻게 배웠는지 말씀 드리겠습니다. 어느 날 무서운 선배 한 분이 하이타이로 기계를 다 닦으라고 시키더라고요. 그래서 다 뜯고 닦았습니다. 모든 기계를 다 뜯고 하이타이로 닦았습니다. 기계 2,612개를 다 뜯었습니다.

얼마 뒤 난생처음 보는 컴퓨터도 뜯고 물로 닦았습니다. 사고 친 거죠. 그래서 그때 알기 위해서는 책을 봐야겠다는 생각을 가지게 되었습니다. 저희 집 가훈은 '목숨 걸고 노력하면 안 되는 일 없다'입니다. 저는 국가기술자격 학과에서 아홉 번 낙방, 1급 국가기술자격에 여섯 번 낙방, 2종 보통운전 다섯 번 낙방하고 창피해 1종으로 전환해 다섯 번 만에 합격했습니다. 사람들은 저를 새대가리라고 비웃기도 했지요. 6개월이 지나니까 호칭이 '야 이 X끼야'에서 '김 군'으로 바뀌었습니다. 서로 기계 좀 봐 달라고 부탁했습니다. 실력이 좋으니까 대접해 주고 함부로 하지 못하더군요.

지금 우리나라에서 1급 자격증 최다 보유자는 접니다. 새대가리라는 얘기를 듣던 제가 이렇게 된 비결을 아십니까? 그것은 목숨 걸고 노력하면 안 되는 것 없다는 저의 생활신조 덕분입니다.

저는 현재 다섯 개 국어를 합니다. 저는 학원에 다녀 본 적이 없습니다. 제가 외국어를 배운 방법을 말씀 드릴까요? 저는 과욕 없이 천천히 하루에 한 문장씩 외웠습니다. 하루에 한 문장 외우기 위해 집 천장, 벽, 식탁, 화장실 문, 사무실 책상 등 가는 곳마다 문장을 써서 붙이고 봤습니다. 이렇게 하루에 한 문장씩 1년, 2년 꾸준히 외우니 나중엔 회사에 외국인들이 올 때 설명도 할 수 있게 되더라고요.

진급, 돈 버는 것은 자기 노력에 달려 있습니다. 세상을 불평하기보다는 감사하는 마음으로 사십시오. 그러면 부러운 것이 없습니다. 배 아파하지 말고 노력하십시오. 의사, 박사, 변호사 다 노력했습니다. 남모르게 끊임없이 노력했습니다. 하루 종일 쳐다보고 생각하고 또 생각하면 해답이 나옵니다."

자신이 하고 있는 일에 목숨 걸고 노력한다면 불가능한 일은 없다. 안 되는 것은 아직 목숨을 걸지 않았기 때문이다. 오로지 그 일에 몰입하지 않았기 때문이다. '한번 해 보다가 안 되면 말지 뭐' 이런 해이한 정신으로는 안 된다. '이 일 아니면 안 된다'는 각오로 한다면 무조건 되게 되어 있다.

공부도 일과 마찬가지다. 죽을힘을 다해 공부한다면 점점 성적이 향상되게 되어 있다. 김규환 명장처럼 뜨겁게, 지독하게 노력한다면 분명 원하는 결과를 얻을 수 있다.

최초는 짧고 최고는 길다, 최고가 되어라. 때로 현실이 고통스럽게 여겨진다면 김규환 명장의 말을 떠올려 보라.

"목숨 걸고 노력하면 안 되는 것이 없습니다. 목숨을 거십시오. 내가 하는 분야에서 아무도 다가올 수 없을 정도로 정상에 오르면 돈이 문제가 아닙니다. 내가 정상에 서면 길가에 핀 꽃도 다 돈입니다."

04

항상 이길 수는 없다,
지는 법도 배워야 한다

실패는 우리가 어떻게 실패에 대처하느냐에 따라 정의된다.
- 오프라 윈프리

　전 세계 CEO들이 가장 닮고 싶어 하는 기업가로 꼽히는 전 GE 회장 잭 웰치. 그는 1960년 GE에 입사해 처음으로 사회생활을 시작했다. 수년 동안 승진을 거듭하던 그는 1981년 마침내 GE의 최연소 회장에 올랐다. 그 후 세계에서 가장 복잡한 조직이던 GE를 가장 단순하고 민첩한 조직으로 변모시키며 세계 최정상의 기업으로 키워 냈다.

　잭 웰치는 학창 시절 지는 것을 몹시 싫어하는 성격이었다. 그러던 그에게 어머니는 지는 법도 배워야 한다는 일깨움을 주었다. 잭 웰치가 살렘 고등학교의 최고 학년일 때 아이스하키 시즌에 있었던 일이다. 처음 세 경기에서 그가 속한 팀은 덴버스, 리비어, 마블헤드를 꺾고 승리했다. 하지만 그 뒤에 이어진 여섯 경기에서 계속 패하고 말았다. 그래서 잭 웰치는 최대의 라이벌인 베벌리 고등학교와의 경기에서 어떻게든 이기고 싶었다.

경기는 2 대 2의 동점을 기록하며 연장전으로 접어들어 숨막히는 접전을 벌였다. 그러나 상대 팀은 이내 득점을 했고, 잭 웰치가 속한 팀은 결국 일곱 번째 패배를 경험할 수밖에 없었다. 엄청난 실망감 때문에 잭 웰치는 하키 스틱을 경기장의 얼음판 위에 힘껏 내던지고 로커룸으로 향했다. 그곳에는 다른 팀원들이 옷을 갈아입고 있었다. 갑자기 로커룸의 문이 열리더니 잭 웰치의 어머니가 화가 난 표정으로 걸어 들어왔다. 순간 로커룸에는 침묵이 흘렀다. 사람들은 하나같이 꽃무늬가 그려진 옷을 입고 걸어오는 중년 여인에게 시선이 고정됐다. 어머니는 잭 웰치에게 다가가 멱살을 잡더니 이렇게 말했다.

"이 바보 같은 녀석아, 패배를 어떻게 받아들여야 하는지 모른다면 넌 결코 멋지게 승리하는 방법 또한 알 수가 없을 거야. 이 사실을 깨닫지 못하면 넌 더 이상 경기를 할 자격이 없어."

잭 웰치는 친구들 앞에서 어머니에게 모욕을 당했지만, 그날 어머니가 했던 말은 그 후로도 잊을 수가 없었다. 어머니는 그에게 '항상 이길 수는 없다. 따라서 지는 법도 배워야 한다' 는 것을 일깨워 준 사람이었다.

항상 이길 수는 없다. 지는 법도 배워야 한다. 그런데 사람 들 중에 지고는 못 사는 사람도 있다. 게임이나 경기를 하다가 상대에게 지게 되면 자학하거나 심지어 상대를 비난하는 사람 도 있다. 잭 웰치 어머니의 말대로 만약 패배를 어떻게 받아들 여야 하는지 모른다면 결코 멋지게 승리하는 방법을 알 수가 없다.

오로지 이기기 위해 악전고투하는 사람보다 최선을 다하고 난 뒤에 자신의 패배를 인정하는 사람이 더 아름답다. 또 이런 사람에게 사람들이 모여들고 성공을 향한 다양한 기회들도 생 겨난다. 오로지 남들보다 앞서가기 위해, 이기기 위해 노력하는 사람은 모난 돌이 되고 만다. 모난 돌이 정을 맞는 법이다. 절 대 성공할 수 없다. 사람들이 찾지 않는 외딴섬이 되고 만다.

춘추전국 시대, 연나라에 채택이라는 사람이 있었다. 그는 공부를 많이 하고 언변이 뛰어났지만 아무도 그의 능력을 알아 주지 않았다. 그는 위나라, 한나라, 조나라에 들어가 유세를 하 고 다녔으나 그 뜻을 펼치지 못했다. 게다가 위나라에서는 도적을 만나 노잣돈과 양식을 모두 빼앗겨 아무것도 먹지 못하고 거지 신세로 전전하다가 진나라로 들어오게 되었다. 이때 채택은 진나라를 두루 돌아다니며 그 나라의 재상 범수의 욕을 일삼았다.

"나는 연나라 사람 채택이다. 나는 학식과 지혜를 두루 갖춘 천하에 둘도 없는 선비인데, 내가 특별히 진왕을 만나러 왔다. 진왕이 만약 나를 한 번이라도 만나서 내 말을 듣는다면 필시 나의 진언을 받아들여 범수를 쫓아내고 나를 재상의 자리에 앉힐 것이다."

범수의 문객 중 한 사람이 그 말을 듣고 범수에게 전했다. 범수는 즉시 채택을 잡아 오라고 사람을 보냈다. 얼마 후 채택이 불려 오자 범수는 화난 목소리로 물었다.

"들리는 소리에 나를 대신해서 재상의 자리에 앉겠다고 하는 자가 있다고 하던데 그자가 바로 그대인가?"

"그렇습니다."

"그대가 무슨 재주로 나의 지위를 빼앗는단 말인가?"

그러자 채택이 물었다.

"승상께서는 어찌하여 시간이 이미 늦었다는 것을 모르십니까? 무릇 계절도 사시에 따라 순서가 있고, 공을 이룬 자는 물러나고 공을 이루고자 하는 자는 오는 것인데, 어찌하여 오늘날까지 물러날 생각을 하시지 않으십니까?"

범수가 큰 소리로 말했다.

"내가 물러날 생각이 없는데 감히 어떤 놈이 나를 물러나게 한단 말인가?"

채택이 말했다.

"무릇 신체가 건강하고 사지가 멀쩡할 때 총명한 지혜를 활용해 천하에 도를 행하고 덕을 베푸는 것이 천하의 호걸들이나 현인들이 바라는 바가 아니겠습니까? 진나라의 상앙, 초나라의 오기, 월나라의 대부 문종 등은 각기 자기 나라에 큰 공을 세웠으나 끝까지 자리를 지키려다가 화를 입었습니다. 어찌하여 승상께서는 이 기회에 재상의 자리를 현자에게 물려주지 않으십니까?"

범수도 세 치의 혀로 사람을 설득시키는 데는 자신이 있었다. 그런데 채택의 언변도 여간이 아니었다. 범수는 곧 채택이 큰 인물임을 알아보고 다음과 같이 말했다.

"참으로 옳은 말씀이오! 선생께서 내게 좋은 가르침을 주셨습니다."

그날 이후 범수는 채택을 상객으로 모시고 진나라 왕에게 채택을 추천했다. 그 후 범수는 병을 핑계로 재상의 자리에서 물러났으며, 그 자리는 채택의 호언장담대로 채택에게 돌아갔다.

범수는 봉지로 내려가 여생을 편히 보내다가 노환으로 세상을 떠났다. 채택은 재상으로 있으면서 좋은 정책을 많이 폈고, 그의 계책으로 신나라는 주나라 왕실의 땅을 손에 넣어 명실상부한 패권 국가의 기틀을 마련했다.

그러던 어느 날, 채택은 자신의 역할이 끝났다는 생각이 들었다. 그러자 범수가 그랬듯이 자신도 병을 핑계로 재상의 자리에서 물러났다. 범수뿐만 아니라 채택도 물러날 때를 아는 사람이었다.

여러분은 하나하나 인생을 배워 나가는, 인생에서 가장 중요한 10대를 보내고 있다. 이기려고만 하지 말고 때로 지는 법도 배우길 바란다. 그릇을 비울 때 더 많이 담을 수 있듯이 지는 법을 알 때 더 크게 성공할 수 있기 때문이다.

05

지금보다 나은 내일을 원한다면 행동을 바꾸어라

미래는 현재 우리가 무엇을 하는가에 달려 있다.
– 마하트마 간디

"오늘은 힘들어도 내일은 좀 나아지겠지."

"지금보다 더 편안하고 행복한 삶을 살고 싶다."

"내 인생은 왜 이리 고단할까? 어떻게 하면 잘살 수 있을까?"

대부분의 사람들은 지금보다 나은 내일을 바란다. 지금 비록 고단하지만 내일은 한결 수월해졌으면 하고 바란다. 하지만 바란다고 해서 내일이 지금보다 더 나아지지는 않는다. 이는 감나무 아래 누워 홍시가 떨어지기를 바라는 것과 같다. 그래선 절대 홍시를 먹을 수 없다. 재빠른 누군가가 감나무에 오르거나 도구를 이용해 홍시를 따 버릴 테니까.

지금보다 더 나은 내일을 원한다면 지금의 행동을 바꿔야 한다. 지금과 똑같은 행동으로는 내일도, 모레도 똑같을 수밖에 없다. 콩 심은 데 콩 나고 팥 심은 데 팥 난다. 지금보다 나은 내일을 바란다면 더 나은 행동을 해야 한다.

쌍둥이 형제가 범죄를 저질러 동시에 감옥에 들어가게 되었다. 감옥에서 5년간을 보내야 할 쌍둥이가 안쓰러웠던 교도관이 두 사람에게 원하는 것이 있으면 들어주겠다고 말했다. 그러자 부정적인 성격의 형은 '감옥 안에서 무얼 할 수 있겠어?'라는 생각에 두 갑의 담배를 부탁했다. 반대로 긍정적인 성격의 동생은 달랐다. '다시는 죄를 짓지 않고 살아야지. 그러려면 지금부터 미래를 준비해야 돼'라는 생각에 매일 전화를 사용할 수 있게 해 달라고 부탁했다.

어느덧 5년이 지나 두 사람은 드디어 감옥에서 나오게 되었다. 그런데 먼저 감옥을 나온 형이 머리를 쥐어뜯으며 이렇게 소리쳤다.

"불을 줘! 불을 달라고!"

교도관에게 담배를 부탁하면서 깜빡 잊고 라이터를 달라고 말하지 못했던 것이다.

형과 달리 동생은 깔끔한 정장 차림에 미소를 띤 모습이 5년 전과 사뭇 달랐다. 그는 교도관의 손을 잡으며 말했다.

"제 부탁을 들어주셔서 고맙습니다. 지난 5년 동안 전화를 사용할 수 있게 해 주셔서 저는 사업을 할 수 있었고 새로운 미래를 설계할 수 있게 되었습니다. 그 보답의 의미로 자동차를 한 대 선물하겠습니다."

일화에 나오는 부정적인 성격의 형이 되어선 안 된다. 아무리 어려운 상황에 놓여 있더라도 동생처럼 긍정적으로 생각하며 미래를 설계해야 한다. 세상은 희망을 놓지 않고 미래를 설계하는 사람의 것이기 때문이다. 부족한 부분을 보완하기 위해 고민하고 자신의 강점은 더욱 강화시키기 위해 분투해야 한다. 세상은 끊임없이 '나'라는 도끼를 갈고닦는 사람의 것이다.

잭 웰치는 '지금보다 더 나은 내일을 원한다면 행동을 바꾸어라'라는 의미를 몸소 보여 준 사람이다. 잭 웰치는 1981년 GE에 CEO로 취임한 뒤 GE를 거대 관료적 공룡이라고 규정했다. 그는 GE가 경쟁력을 유지하기 위해서는 변해야 한다고 생각했으며 이러한 그의 판단은 1980년대에 행동으로 이어졌다. 그는 GE의 각 사업 부문 중 리더가 아닌 것을 선별해 해당 사업 부문을 구조조정하기 시작했다.

잭은 각 사업을 조사할 때, 피터 드러커가 제시하는 유명한 질문을 각 사업 부문에 던졌다.

"우리가 이 사업을 이미 하고 있지 않다면, 오늘날 우리는 과연 이 사업 부문에 진출할 것인가?"

잭 웰치는 경영학 교과서나 이론서에도 나오지 않는 전혀 새로운 경영방식을 회사에 도입했다. 이른바 구조조정이었다. 그는 뛰어난 직관력과 독특한 리더십을 발휘해 40만 명의 직원을 거느린, 세계에서 가장 거대하고 복잡한 조직이었던 GE를 단순하고 민첩한 조직으로 만드는 작업에 착수했다. 그의 구조조정은 10만 명 이상의 대규모 해고를 불러왔고, 그는 '중성자탄 잭'이라는 별명으로 불리며 악명 높은 CEO의 대명사가 되었다.

그는 300여 개가 넘는 사업 부문을 10여 개의 핵심 사업으로 재편성했는가 하면, '세계 1, 2위 사업만 남기고 모두 버린다'는 원칙 아래 육성할 사업과 정리할 사업을 명확하게 구분했다. 그는 지금 당장 큰 문제가 없더라도 10년 뒤 경쟁력을 잃을 것으로 예상되는 사업은 강한 반발을 무릅쓰고 과감히 정리했다.

잭 웰치는 각 사업부에 "고쳐라, 매각하라, 아니면 폐쇄하라."라는 지시와 함께 세계에서 1, 2위를 해야 한다는 명확한 목표를 제시했다. 구성원들이 적극적으로 움직이도록 그에 맞는 시스템을 만들어 나간 것이다.

그는 6시그마, 세계화, e비즈니스 등의 지식경영 전략으로 GE를 혁신하는 데 열정을 기울였다. 그리고 마침내 GE를 군살 없는 조직으로 거듭나게 하는 데 성공했다. GE는 규모 면에서 10분의 1밖에 되지 않는 다른 작은 기업들보다도 더 민첩하게 움직이는 동사형 조직으로 변신해 세계 최고의 기업으로 자리 매김했다.

잭 웰치는 GE를 살리기 위해 고치고 구조조정과 매각만 한 것이 아니다. 그는 GE가 세계 최고의 기업으로 우뚝 서자 더욱 강력한 기업으로 만들기 위해 구성원들의 행동을 바꾸게 했다. 그 일환으로 조직 전체를 살아 숨 쉬게 하기 위해 '역멘토링' 제도를 실시했다. 기존 인력이 신입사원을 대상으로 교육시키고 조언해 주는 일반적인 멘토링 제도와 달리 GE는 디지털 네이티브인 신입사원들이 기성세대인 조직의 상위 관리자 1,000명을 대상으로 멘토링을 실시하게 한 것이다. 역멘토링을 통해 새로운 IT기술에 대한 감각이 떨어지는 관리자들의 디지털 마인드를 향상시켰는가 하면, 세대 간 대화의 물꼬를 트는 시너지 효과를 이루어 냈다.

창업주 이병철 회장의 별세로 갑작스럽게 삼성그룹의 회장

직에 오른 이건희는 앞으로 어떻게 해야 할지 막막했다. 회장이 된 이듬해인 1988년 그는 침몰하는 삼성호를 살리기 위해 '제2 창업 선언'을 발표하고 대대적인 구조조정에 들어갔다. 하지만 50년 동안 굳어진 삼성의 체질은 쉽게 달라지지 않았다.

그래서 그는 1993년 6월, 독일 프랑크푸르트에서 그 유명한 '신경영 선언'을 공표했다. '처자식 빼고 다 바꾸자', '양 위주의 경영을 버리고 질 위주로 가자'는 메시지를 던졌다. 삼성호를 살리기 위한 대대적인 수술에 들어간 것이다.

이건희는 말로만 삼성맨들에게 더 나은 행동을 하라고 강요한 것이 아니었다. 그 자신이 직접 4개월간 LA, 도쿄, 프랑크푸르트, 오사카, 런던으로 1,800여 명의 임직원을 불러들여 장장 500시간에 걸쳐 삼성의 비전을 직접 강의했다. 꿈쩍도 하지 않던 삼성맨들은 시간이 지나면서 점차 달라지기 시작했다. 그 결과 삼성은 D램 반도체, 낸드플래시 메모리, LCD, CDMA 방식 휴대전화 등 세계 시장점유율 1위 제품을 열아홉 개로 늘릴 수 있었다. 신경영의 성과로 인해 현재 삼성은 국내 최고는 물론 세계 초일류 기업으로 성장했다.

저마다 되고 싶고 이루고 싶은 꿈이 있다. 그 꿈은 지금과 똑같이 비효율적이고 비생산적인 행동과 방식으로는 이룰 수 없다. 지금보다 더 나은 성과를 올릴 수 있는 방법을 고민해 보

라. 10대 시절은 눈 깜짝할 사이에 지나간다. 지금 어영부영 시간을 보내면 우울하고 암울한 미래를 보내게 된다.

자, 지금보다 더 나은 내일, 미래를 맞이하려면 다음과 같은 고민을 해 보길 바란다.

'어떻게 하면 지금보다 더 공부를 잘할 수 있을까?'

'내가 진정으로 하고 싶고 바라는 일은 무엇인가?'

'내 꿈을 이루기 위해 지금 나는 어떤 행동을 해야 할까?'

'지금과 같은 모습으로 산다면 3년 후, 5년 후 나의 미래는 어떨까?'

06

주위 사람들의 시선에
신경 쓰지 마라

그저 경기에 임해라. 즐거움을 느끼고, 경기를 즐겨라.
– 마이클 조던

아기가 부럽다는 생각이 든다. 그 이유는 아기는 주위 사람들이 자신을 어떻게 생각하는지 전혀 신경을 쓰지 않기 때문이다. 아기는 그저 먹고 소리 지르고 시끄럽게 울고 냄새를 풍길 뿐이다. 주위 사람들의 호감을 사기 위해 어떤 노력도 하지 않는다. 그러면서 자신이 필요로 하는 것을 얻는다. 그런데 점차 성장하면서 주위 사람들의 시선에 신경을 쓴다. 자신이 하고 싶은 일이 있어도 누군가가 부정적인 말을 하면 시도도 하지 않은 채 포기해 버린다. 성인이 되어서도 이런 행동은 고쳐

지지 않는다. 오히려 더 심해질 뿐이다. 이것이 대부분의 사람들이 성공보다 실패에 머무르게 되는 이유다.

영화 〈람보〉, 〈록키〉, 〈클리프 행어〉 등으로 유명한 영화배우 실베스터 스탤론. 그는 외모 때문에 드렉셀 대학 면접에서 엘리베이터 수리공이 적격이라는 말까지 들어야 했다. 하지만 그는 영화배우의 꿈을 포기하지 않았다. 그 결과 자신의 꿈인 영화배우가 될 수 있었다. 배우가 되었지만 초반에는 실패의 연속이었다. 하지만 그는 포기하지 않고 계속 배워 나갔다.

어느 날 밤, 그는 헤비급 권투 세계 챔피언 무하마드 알리가 척 웨프너와 싸우는 경기를 시청하고 있었다. 관중들의 함성과 패자의 멀어져 가는 뒷모습을 보고 스탤론은 큰 영감을 받았다. 이것을 모티브로 불과 3일 반 만에 영화 〈록키〉 대본을 썼다. 그리고 영화 제작사를 찾아가 자신에게 주연을 맡기는 조건으로 대본을 팔겠다고 말했다.

아무런 출연작도 없는 무명 배우가 주인공을 맡는 건 불가능한 일이었다. 대부분의 제작자들이 거절했지만 끈질기게 설득한 끝에 스탤론은 〈록키〉의 주인공이 될 수 있었다. 〈록키〉는 1억 달러 이상의 수입을 올렸다. 현재 실베스터 스탤론은 2천만 달러 이상의 계약금에 수익금의 일부를 배당받는 유명 배우로 자리 잡았다.

그는 훗날 어느 잡지와의 인터뷰에서 이렇게 말했다.

"만약 내가 초기에 배우로서 성공했다면 난 글을 쓰겠다는 생각을 하지 않았을 것이다. 나는 차츰 배역보다 글쓰기에 더 흥미를 가졌다. 성공이란 실패를 어떻게 다루는가에 달려 있다. 난 실패했지만 그것을 할리우드의 중심 무대에 뛰어드는 계기로 삼았다."

실베스터 스탤론은 엘리베이터 수리공이나 하라는 말을 듣고도 한쪽 귀로 듣고 흘렸다. 자신의 꿈에 대해 강한 믿음이 있었기 때문이다. 만약 그가 주위 사람들의 충고에 귀를 기울였다면 정말 엘리베이터 수리공을 하며 힘든 인생을 살고 있을지 모른다.

1901년 스물한 살의 윌리엄 할리는 자전거에 엔진을 얹는 설계도면을 완성했다. 윌리엄은 머지않아 자전거에 엔진을 단 모터 자전거를 발명하기로 결심했다. 그리고 자신의 결심을 사람들에게 전했다. 그러자 하나같이 사람들은 안 되는 이유를 대며 포기하라고 말했다.

"그건 절대 불가능한 일이야."

"자전거에 엔진을 단다는 게 말이나 되니?"

그들의 비판적인 목소리는 윌리엄의 귀에 들어오지 않았다.

윌리엄은 2년 후 친구 아서 데이비슨과 함께 가로 3미터, 세로 4.5미터 넓이의 목재 창고에서 모터를 단 자전거를 개발했다. 목재 창고에 기반을 둔 생산은 계속되었고, 점점 더 많은 모터 자전거가 생산되었다. 한 자전거 소매상이 윌리엄과 데이비슨이 만든 자전거들을 전시했는데, 이것이 최초의 할리 데이비슨 판매 대리점이 되었다.

1905년 할리 데이비슨 모터 자전거는 시카고에서 개최된 24킬로미터 경주에서 시속 75킬로미터를 넘기는 놀라운 평균 속도로 우승컵을 거머쥐었다. 설계와 제작 기술의 발달로 할리 데이비슨 모터 자전거는 1908년에 개최된 제7차 미국 오토바이 내구성·신뢰성 연례 콘테스트에서 1,000점 만점을 받는 쾌거를 이루었다.

세상에 나온 지 얼마 되지도 않아 할리 데이비슨 모터 자전거는 미국 전역에서 뜨거운 관심을 불러일으켰다. 그리고 오늘날 할리 데이비슨은 자유와 해방 그리고 열정의 상징이 되었다.

18세의 트럭 운전수 엘비스 프레슬리는 지독한 가난으로 인해 어린 시절부터 일과 공부를 병행해야 했다. 노래 부르기가 취미였던 엘비스 프레슬리는 일을 할 때 주로 흑인 음악을 따라 부르곤 했다.

그때 사람들은 이렇게 충고했다.

"네게는 트럭 운전수가 가장 잘 어울린다. 그러니 음악은 꿈도 꾸지 마라."

그러나 노래를 향한 엘비스 프레슬리의 열정은 식을 줄 몰랐다. 그러던 그에게 어느 날 기회가 찾아왔다. 어머니에게 생일 선물로 드리기 위해 자신의 목소리가 담긴 음반을 제작했다. 그리고 우연히 이 음반을 들은 한 레코드사와 계약을 맺게 된다. 몇 년 후 엘비스 프레슬리는 로큰롤의 황제가 되었다.

그의 음반은 지금까지도 세계적으로 위대한 명반으로 평가받고 있다. 지난 2008년 미국의 경제 전문지 〈포브스〉기 선정한 '죽어서도 떼돈 버는 명사' 리스트 1위에 오르기도 했다.

실베스터 스탤론과 윌리엄 할리, 엘비스 프레슬리가 성공할 수 있었던 것은 주위 사람들의 냉대에 신경 쓰지 않았기 때문이다. 그는 그들의 충고를 무시하고 자신이 옳다고 믿는 길을 향해 나아갔다. 그 결과 그들에게 충고를 한 사람들보다 더 눈부신 미래를 창조할 수 있었다.

정신분석학자 로렌스 굴드는 이렇게 말한 바 있다.

"인생에서 기회가 적은 것은 아니다. 그것을 볼 줄 아는 눈과 붙잡을 수 있는 의지를 가진 사람이 나타나기까지 기회는 잠자코 있을 뿐이다. 비록 재난이라 할지라도 그것을 휘어잡는 의지를 가진 사람에게는 도리어 귀중한 가능성을 품은 기회로 바뀔 수도 있다. 부모의 유산도 자식의 행복을 약속해 주지 않는다. 우리는 우리가 상상하는 것 이상으로 자신에 대한 운명의 열쇠를 가지고 있는 것이다."

우리는 저마다 성공의 열쇠를 가지고 있다. 주위 사람들의 시선을 일일이 신경 쓰다 보면 이 열쇠를 잃어버리고 만다. 자신의 목표와 꿈을 향해 우직하게 나아갈 때 성공의 열쇠는 빛을 발하고 다양한 기회를 끌어당긴다.

링컨 대통령은 남북전쟁을 치르고 있던 시절 하루도 마음 편할 날이 없었다. 그를 공격하는 무리들이 날마다 비난을 퍼부었기 때문이다. 하지만 그는 자신에게 쏟아지는 신랄한 비난에 맞서 일일이 대응하지 않았다. 그 대신 자신이 옳다고 믿는 일은 어떤 비판이 있어도 밀고 나갔다.

링컨이 비난을 처리한 방식은 지금도 사람들에게 전해지고 있다. 맥아더 장군은 그 필사본을 전쟁 중에 사령부의 자기 책상 위에 놓아두었는가 하면, 윈스턴 처칠은 액자에 넣어서 서재에 걸어 두었다.

링컨의 말을 가슴에 새겨 보자.

"최선을 다하라. 자신이 옳다고 믿는 것이라면 다른 사람의 말을 두려워할 필요가 없다. 어떤 일을 하더라도 비판은 있기 마련이다."

07

구르는 돌에는
이끼가 끼지 않는다

그 무엇으로도 대처할 수 없는
존재가 되기 위해서는 늘 남달라야 한다.

– 가브리엘(코코) 샤넬

성공은 자기 분야에서 최선을 다하는 사람에게 돌아간다. 자기 분야에서 최고가 되기 위해 끊임없이 배우고 뛰어난 사람의 장점과 성공 요인을 벤치마킹하며 부지런을 떠는 사람은 무조건 성공하게 되어 있다. 성공한 사람들을 살펴보면 모두가 이런 사람들이다. 처음 시작할 때는 빈털터리였지만 사력을 다해 노력한 끝에 지금은 남들이 부러워하는 자산가가 된 것이다.

리 아이아코카는 1970년대 오일쇼크가 전 세계를 휩쓸 때 다 망해 가는 자동차 회사 크라이슬러를 기적적으로 회생시킨 주인공이다. 그는 가난한 이탈리아 이민자의 아들이었지만 자기 분야에서 최고가 되었고 대선 후보로 거론될 정도로 성공한 인물이 되었다.

아이아코카는 대학을 졸업한 뒤 포드 자동차에 취업했다. 그는 포드 자동차를 평생의 직장으로 여기고 헌신적인 노력을 아끼지 않았다. 아이아코카는 포드 자동차에 몸담은 동안 유명한 '머스탱'을 출시해 포드 자동차에 큰 성공을 안겨 주기도 했다. 그 공을 인정받아 8년 동안 포드 자동차 사장으로 재직하면서 회사를 더욱 탄탄하게 이끌었다. 그러나 그는 헨리 포드 2세와의 불화로 잘못도 없이 쫓겨나는 수모를 겪게 되었다. 자신이 해고당하리라 예상하지 못했던 터라 한동안 좌절에 빠지기도 했다. 하지만 계속 좌절만 하며 시간을 보내지 않았다.

때마침 파산 직전에 내몰린 크라이슬러에서 그를 회장으로 초빙하겠다는 제의를 해 왔다. 당시 크라이슬러는 기업 평가에서 회생 불가라는 판정이 내려져 있던 상태였다. 내로라하는 CEO들이 하나같이 경영을 맡겠다고 나서지 않는 회사였다. 하지만 아이아코카는 자신을 증명하는 좋은 기회로 삼기로 마음먹었다. 어떻게 해서라도 반드시 크라이슬러를 회생시키겠다고 다짐했다.

그는 먼저 크라이슬러에 대한 경영 분석에 들어갔다. 당시

오일쇼크로 인해 크라이슬러의 회생은 도저히 불가능한 상황이었다. 그는 먼저 노조의 양해를 얻어 크라이슬러 경영을 재정비하고 현장에서 신제품 개발을 감독하며 독려했다. 지금의 시련과 역경을 극복하고자 소형차 개발에 박차를 가한 것이다. 소형차는 출시되자마자 폭발적인 인기를 끌었고, 그 결과 적자에서 벗어나 흑자로 전환할 수 있게 되었다.

아이아코카는 크라이슬러의 회장이 된 지 만 7년이 되기 전에 고질적인 부채 15억 달러를 일시에 갚아 버리고도 7억 달러의 순이익을 남기는 신화를 이룩했다. 그리고 자신이 약속한 대로 5년 만에 정리 해고한 근로자들을 다시 불러들였고, 5% 삭감했던 근로자들의 연봉도 원래 수준으로 올렸다. 그렇게 리 아이아코카는 다 망해 가는 자동차 회사 크라이슬러를 기적적으로 회생시켜 자신의 실패를 성공으로 바꾸었을 뿐 아니라 미국의 영웅적인 기업인으로 우뚝 서게 되었다.

가난과 성공은 분리할 수 없는 관계에 있다. 그래서 대부분의 성공자들은 어린 시절 지독한 가난을 경험했다. 아니면 성인이 되어 어떤 이유로 어려움에 처했다가 다시 독하게 마음 먹고 오뚝이처럼 재기한 사람들이다. 성공은 어지간히 독한 마음으로는 거머쥐기가 불가능하다. 지독한 가난을 경험한 사람들은 가난이 주는 고통에 대해 잘 안다. 그래서 누구보다 성공을 열망하고 그 성공을 일궈 내기 위해 자신의 전부를 건다. 이것이 대다수 성공자들의 성공 비결이다.

'석유왕' 록펠러는 33세 때 백만장자가 되었으며, 10년 후에는 세계에서 가장 큰 회사를 소유했다. 그리고 53세 때는 세계 최고의 부자가 되었다. 그 당시에는 억만장자가 록펠러 혼자뿐이었으며, 그의 일주일 수입은 100만 달러였다. 록펠러의 재산을 현 시세로 계산하면 빌 게이츠 재산의 3배에 달한다.

재산도 인맥도 없었던 데다 가난했던 그가 어떻게 성공할 수 있었을까? 록펠러의 성공 비결은 네 가지로 꼽을 수 있다.

첫째, 자기 위치에서 최선을 다한다.

록펠러는 첫 직장에서 6시 반에 출근해 밤 10시가 넘도록 일에 몰입했다. 특히 그는 회사에서 시키지 않은 일까지 선뜻 나서서 하며 인정을 받았다. 그렇게 그는 집안의 배경이나 인맥이 없었지만 자신의 일에 최선을 다한 덕분에 성공의 토대를 마련할 수 있었다.

둘째, 자기 분야를 끝까지 파고든다.

록펠러는 오로지 석유만 생각했다. 뿐만 아니라 훗날 석유사업으로 성공한 뒤에도 석유와 관련이 없는 사업은 하지 않았다. 또 그는 사업에 필요한 것이 무엇인지 떠오를 때마다 메모를 하곤 했다. 새로 떠오르는 사업 아이디어는 물론 정유 공장을 움직이는 장비들의 세세한 부분과 수치, 통계 등 필요한 정보를 모두 수집했고 하나도 버리지 않았다. 그는 쉴 새 없이 공장을 돌아다니며 메모를 하면서 문제점의 해결책을 찾았다.

셋째, 인재 관리에 뛰어났다.

록펠러는 뛰어난 능력을 가진 인재를 적극적으로 영입했다. 그는 인재를 많이 확보해야 석유사업으로 세계를 제패하겠다는 자신의 꿈을 이룰 수 있다고 생각했다. 자신과 경쟁을 벌이던 사람들도 능력이 뛰어나면 포용해서자기 사람으로 만들었다. 유능한 직원은 빠르게 승진시켰는데 사회적인 지위보다 재능과 추진력, 충성심 등을고려했다.

넷째, 미래를 내다보는 비전을 가졌다.

록펠러가 성공할 수 있었던 데는 미래를 내다보는 선견력과 통찰력이 한몫했다. 그는 석유사업에 몸담으면서 원유를 생산하는 것보다 그것을 정제하는 정유사업과 수송하는 운송업이 더 이윤이 크다는 것을 깨닫는다. 그래서 그는 스탠더드 오일트러스트를 설립해 석유왕이 될 수 있었다.

'구르는 돌에는 이끼가 끼지 않는다'라는 속담이 있다. 이끼는 습기가 많으면 생기게 되는데 굴러다니는 돌에는 습기가 차지 않아 이끼가 생길 시간이 없다. 가만히 있고 움직이지 않는 돌은 이끼가 끼게 되어 있고, 열심히 움직이고 굴러다니기를 게을리하지 않는 돌은 이끼가 끼지 않게 된다. 따라서 열심히 노력하고 살다 보면 굴러다니는 돌에 이끼가 끼지 않는 것처럼 좋은 결실을 얻을 수 있다.

자신의 꿈과 동일한 인생을 살고자 한다면 쉬지 않고 구르는 돌이 되어야 한다. 구르는 돌이 되기 위해선 지금 하는 본업에 매진해야 한다. 그래야 미래를 위한 성공의 토대를 마련할 수 있다.

08

도끼도
갈면 바늘이 된다

연은 순풍이 아니라 역풍에 가장 높이 난다.

– 윈스턴 처칠

시선(詩仙)이라 불렸던 당나라의 시인 이백의 어릴 적 이야기다. 이백은 아버지의 부임지인 촉나라 성도에서 자랐다. 그때 훌륭한 스승을 찾아 상의산에 들어가 수학했는데 어느 날부턴가 공부에 싫증이 나기 시작했다. 그래서 그는 스승에게 말도 없이 산을 내려오고 말았다.

집을 향해 걷고 있던 이백이 어느 계곡에 이르렀는데 거기에서 한 노파가 바위에 열심히 도끼를 갈고 있었다.

이백이 물었다.

"할머니, 지금 뭘 하고 계세요?"

"바늘을 만들려고 도끼를 갈고 있다."

이백은 의아한 표정으로 다시 물었다.

"그렇게 큰 도끼가 간다고 바늘이 될까요?"

"그럼, 되고 말고. 중도에 그만두지만 않는다면…"

할머니는 확신에 찬 어조로 대답했다.

이백은 '중도에 그만두지만 않는다면'이란 말이 마음에 걸렸다. 여기서 생각을 바꾼 그는 노파에게 공손히 인사하고 다시 산으로 올라갔다.

그 후 이백은 마음이 헤이해지면 바늘을 만들려고 열심히 도끼를 갈고 있던 그 노파의 모습을 떠올리며 분발했다고 한다.

도끼를 갈아 바늘을 만든다는 뜻을 담고 있는 '마부작침(磨斧作針)'은 아무리 이루기 힘든 일이라도 참고 계속하면 반드시 성공할 수 있음을 비유한 말이다. 자신의 분야에서 최고가 된 사람들은 하나같이 마부작침 하던 고집쟁이들이었다. 마부작침의 마음가짐이 없이는 절대 최고가 될 수 없다. 정상을 눈앞에 두고 포기하기 때문이다.

마부작침의 정신만 있으면 시련과 역경을 극복하고 반드시 자신이 원하는 사람이 될 수 있다. 오히려 시련과 역경마저 기회가 되어 준다. 마치 오른팔도 아닌 왼팔 하나만으로 구두를 만드는 구두장이 남궁정부처럼.

남궁정부는 서울 강동구 천호동에서 세창정형제화연구소를 운영하며 15년째 장애인용 구두를 만들고 있다. 남궁정부는 1995년 11월의 어느 날 옛 직장 동료들을 만난 뒤 집으로 가기 위해 지하철을 기다리던 중에 갑자기 밀려든 인파에 떠밀려 선로로 떨어졌다. 깨어 보니 병원이었고 그렇게 오른팔을 잃었다.

하루는 의수를 만들기 위해 의료보조기상을 찾았다.

"남은 팔이 너무 짧아서 물건을 집을 수 있는 의수는 어렵겠습니다."

돌아온 대답은 힘들다는 것이었다.

의료보조기상 사장과 이런저런 이야기를 나누던 중에 남궁정부는 자신이 구두장이였다는 말을 했다. 그러자 사장이 지나가는 투로 말했다.

"장애인 신발 한번 만들어 보시면 어떨까요?"

그렇게 해서 그의 제2의 인생이 시작되었다.

그가 처음 시작한 것은 젓가락질과 글씨 연습이었다. 밥상은 온통 흘린 반찬과 밥풀로 도배가 되다시피 했지만 그는 왼손 젓가락질을 멈추지 않았다. 쉰여섯 먹은 사내가 밥상을 발로 차며 펑펑 울었다. 그러면서도 멈추지 않았다. 오히려 커다랗게 네모 칸이 그려진 글씨 연습장을 사서 기역 니은 디귿을 쓰기 시작했고, 그게 익숙해지면서 가죽 자르기도 다시 시작했다. 처남 집 차고에 세창정형제화연구소라는 간판을 걸어 놓고 손님을 기다렸다. 하지만 홍보를 하지 않았던 탓에 찾아오는 손님은 없었다. 하루는 직원이 그리도 말렸지만 날카로운 재단용 칼로 가죽을 자르다가 허벅지를 쑤셔 가게를 피바다로 만든 적도 있었다.

남궁정부는 자신의 과거를 회상하며 이렇게 말했다.

"참을 인(忍)자 세 번을 쓰면 왜 살인도 면할 수 있는지 알았다. 그만큼 그 고통을 참는 게 어려웠다."

이제 그의 구두 만드는 실력은 익히 소문이 났다. 언젠가 가게가 문을 닫을 정도로 곤궁해졌던 적이 있었다. 그때 단골손님들이 찾아와 십시일반으로 모은 3,000만 원짜리 통장을 내밀며 말했다.

"당신이 없으면 우리가 걷지를 못하니, 당신은 꼭 돈을 벌어야 한다."

그렇게 그들은 막무가내로 통장을 내밀더라고 했다. 그동안 그가 하나뿐인 왼팔로 만든 신발은 자그마치 5만 켤레가 넘는다.

보통사람 같았으면 하루아침에 멀쩡하던 오른팔을 잃었으니 실의에 빠져 좌절했을 것이다. 하지만 남궁정부는 달랐다. 좌절하거나 절망하지 않았다. 오히려 삶을 향해 강한 의지를 내뿜으며 제2의 인생을 시작했다. 그리고 지금은 몸이 불편한 사람들을 위해 세상에 하나밖에 없는 신발을 만드는 구두 장인이 되었다.

나는 일반인 및 청소년을 대상으로 하는 강연에서 '마부작침' 하는 정신에 대해 언급한다. 도끼도 쉬지 않고 갈면 바늘이 되는데, 하물며 사람이 최선을 다하면 이루지 못할 것이 없다는 것을 강조하기 위함이다. 사람들 가운데 "나는 운이 따라 주지 않아 실패했다.", "부모 덕을 못 봐 성공할 수 없었다."라고 말하는 사람이 있다. 이들의 말은 변명이나 핑계에 지나지 않는다. 그들이 성공하지 못한 이유는 마부작침 하는 정신이 결여되었기 때문이다. 자신이 바라는 것을 얻기 위해 젖 먹던 힘까지 쏟지 않은 것이다.

성공하기 위해 사력을 다하면 성공하게 되어 있다. 중국의 작가 임청현의 경험담을 들어 보자.

하루는 양고기 식당을 지나고 있는데 맛있는 냄새가 진동했다. 그는 냄새에 이끌려 식당 안으로 들어갔다.

그가 한쪽 테이블에 앉자마자 식당 주인으로 보이는 남자가 다가왔다. 그의 맞은편에 앉더니 대뜸 이렇게 물었다.

"임 선생님, 혹시 저 기억하십니까?"

아무리 봐도 처음 보는 사람이었다.

"글쎄요, 잘 기억이 안 나는군요."

그러자 남자는 들고 온 낡은 신문 조각을 건넸다.

"이건 20년 전 신문 기사입니다. 바로 선생님이 쓰신 글입니다."

기사를 읽어 나가는데 문득 까맣게 잊고 있었던 20년 전 일이 생생하게 떠올랐다.

당시 그는 한 신문사의 기자였는데 어느 날 한 절도범에 관한 기사를 쓰게 되었다. 그 절도범은 무려 1,000여 건에 달하는 절도를 저지르고도 보란 듯이 경찰의 포위망을 뚫으며 사람들의 애간장을 태우다가 붙잡혔다.

그는 기사의 마지막에 이렇게 썼다.

'똑똑하고 손이 민첩한 이 남자가 만약 절도범이 아닌 다른 길을 선택했으면 분명 대성했을 것이다'

식당 주인이 말했다.

"제가 바로 그 절도범입니다."

식당 주인은 고개를 숙이며 이어서 말했다.

"선생님의 그 한마디가 제 인생을 이렇게 변화시켰습니다.

다들 절도범이라고 손가락질하고 무시할 때 제 인생을 다른 시각에서 바라봐 주신 게 힘이 되었습니다. 진심으로 감사드립니다."

절도범은 자신이 지나온 과거를 돌이켜 보며 내일을 향한 의지를 불태웠다. 그리고 쉴 새 없이 노력한 결과 자신의 미래를 창조할 수 있었다.

성공은 결코 쉽게 얻을 수 있는 것이 아니다. 쉬지 않고 갈고닦아야 한다. 그리할 때 뭉툭한 도끼도 가는 바늘이 될 수 있다. 지금 여러분이 하고 싶고 놀고 싶은 자유를 빼앗겨 가며 꿈꾸고 공부하는 것 역시 바늘이라는 성공을 만들기 위해서라는 것을 잊어선 안 된다.

10대를 위한 성공 수업

초판 1쇄 인쇄 2016년 8월 10일
초판 1쇄 발행 2016년 8월 15일

지 은 이 **권동희**
펴 낸 이 **권동희**
펴 낸 곳 **위닝북스**
기   획 **김태광**
책임편집 **신지은**
디 자 인 **이선영**
교정교열 **우정민**
마 케 팅 **이석풍 김응규 허동욱**

출판등록 제312-2012-000040호
주   소 경기도 성남시 분당구 수내동 16-5 오너스타워 407호
전   화 070-4024-7286
이 메 일 winningbooks@naver.com
홈페이지 www.wbooks.co.kr

ⓒ위닝북스(저자와 맺은 특약에 따라 검인을 생략합니다)
ISBN 979-11-87532-03-3 (43190)

이 도서의 국립중앙도서관 출판도서 목록(CIP)은 서지정보유통지원시스템
홈페이지(http://seoji.nl.go.kr)와 국가자료공동목록시스템(http://www.nl.go.
kr/kolisnet)에서 이용하실 수 있습니다.(CIP제어번호: CIP2016018317)

위닝북스는 독자 여러분의 책에 관한 아이디어와 원고 투고를 설레는
마음으로 기다리고 있습니다. 책으로 엮기를 원하는 아이디어가 있으신 분은
이메일 winningbooks@naver.com으로 간단한 개요와 취지, 연락처
등을 보내주세요. 망설이지 말고 문을 두드리세요. 꿈이 이루어집니다.

※ 책값은 뒤표지에 있습니다.
※ 잘못 만들어진 책은 구입하신 서점에서 교환해 드립니다.